38歳からしたいメイク

プラス5分で見違えるほどツヤ肌になれる

佐々木貞江

すばる舎

はじめに

私が初めてメイクアップアーティストという仕事の存在を知ったのは、10代の頃でした。ある雑誌に、モデルにリップを塗っているメイクアップアーティストの写真がありました。その真剣な眼差しに釘づけになったのです。こんな仕事があるんだと、この世界に入ることを決心しました。

美容学校を出て、美容師としてサロンで働き始めました。

そこはテレビや雑誌、ショーなどのヘアメイクも手がける、大きなサロンでした。一般の方のヘアカットをする傍ら、撮影の仕事の経験も積んでいきました。

30歳でサロンを辞め、大手化粧品メーカーの専属メイクアップアーティストに。以降、フリーランス事務所を経て、雑誌や広告を主体に活動しています。

これまで一般の方からモデル・女優の方まで、数限りない方のメイクをさせていただきましたが、その経験を通して、メイクは見た目だけではなく、気持ちを前向きに変えてくれるものだと思うようになりました。どの年代の方にとっても。

今回、「38歳」というキーワードでメイク本をつくりたいというお話をいただいたとき、自分自身が38歳だった頃を思い浮かべました。当時は独立から間がなく、がむしゃらに毎日を過ごしていたように思います。

今、周りにいる人を見ていても、「38歳」という年齢が向き合う状況は、私がそうだった頃とさほど変わらないように思います。仕事に家庭のことに、20代の頃と比べると、自分より周りに合わせることが増えているのではないでしょうか。

年齢を重ねた今、私自身は、あの頃もう少し余裕を持って自分と向き合えていたら、その後の40代がもっとラクでいられたな、とも思うのです。

毎日、鏡の前でするメイク。それが「今」の自分と向き合う時間をつくるきっかけになってくれたら――そんな気持ちで、この本をつくりました。

メイクの力を借りて、自分らしい美しさを手に入れれば、この先40代、50代、さらには60代も楽しみになってくると思います。この本がそのためにお役に立てたらうれしいです。

佐々木貞江

Contents

はじめに …… 002

Prologue
38歳からは肌の印象が大事
メイクは見た目以上の魅力を引き出すツール …… 010
肌がきれいだと美しさアップ！だから肌は丁寧に …… 012
潤いがあるだけで、大人の魅力は高まる …… 014
続けること。それがきれいの近道 …… 016
メイクはファッションの一部、トータルで考える …… 018
時にはご褒美を。大人こそ贅沢ケアを取り入れて …… 020
大人のナチュラルメイクは、自分を知ることが第一歩 …… 022

Part 1
大人世代のきれいが決まる！10大アイテム
● = How to select
● = How to use
【化粧下地】化粧下地でメイク全体の印象が決まる …… 026
【口紅】メイクのトレンド感を高める、定番と旬の口紅 …… 028
【化粧水】艶やかな肌をつくるのは、たっぷりの化粧水 …… 030
【日焼け止め】5年後の美肌を約束してくれる、日焼け止め …… 032
【ネイルオイル、リップクリーム】清潔感ある美しさをつくる、細部のケア …… 034
【入浴剤】炭酸と塩の入浴剤で、透明感ある肌を …… 036
【シートマスク】「忙しいのにきれい」を叶えるシートマスク …… 038
【ヘアブラシ】ブラッシングは「引き締め、小顔、美髪」の一石三鳥 …… 040
【美容家電】足りないケアを補ってくれる大人の強い味方 …… 042
【スポンジ】メイクのレベルが上がる、使い捨てのスポンジ …… 044

Part 2
ちょっとしたテクニックでふだんの顔も美しく
【メイクの考え方】疲れて見せないことが基本。ツヤが何より大事 …… 050
【スキンケア】朝のスキンケアが、メイクの持ちと清潔感の決め手 …… 052
【化粧下地】● パール感、テカリ予防、潤い。下地は3つ揃えたい …… 054

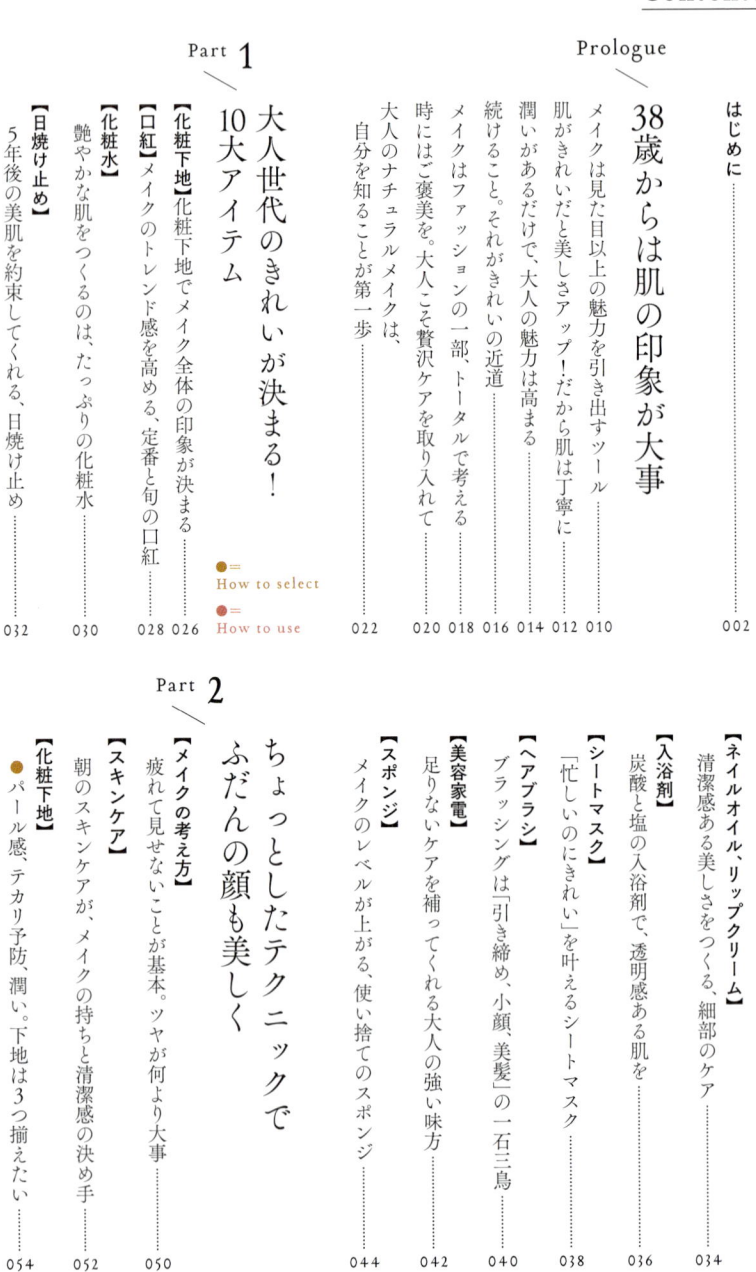

【ファンデーション】●大人のツヤ肌づくりに欠かせないのは、
リキッドファンデ……056
【ファンデーション】●手&スポンジのW使いが時短と薄づき肌を叶える……058
【チーク】●ツヤが出るソフトピンクが大人のマストアイテム……060
【チーク】●30代のチークは、ツヤと一体化させた横長が基本……062
【ハイライト・シェーディング】●大人のぼんやり顔の味方、
ハイライトとシェーディング……064
【ハイライト】●ハイライトをチークと同化させると
肌がきれいに見える……066
【シェーディング】●ファンデの白浮きにも効く、シェーディングの使い方……068
【眉】●自然な眉づくりには、3色以上のアイブロウパレット……070
【眉】●洗練眉に仕上げてくれる細めペンシル……072
【眉】●眉の上はいじらない。上方向に描いてぼかすだけ……074
【アイシャドウ】●おしゃれな目元を叶える、
ベージュのクリームシャドウ……076
【マスカラ】●細めのブラシが、まつ毛を増やし元気に見せる……078
【アイライナー】●目元を優しく強く輝かす、こげ茶のペンシルライナー……080
【アイライナー】●自然な目ぢからを叶える、アイラインの引き方……082
【リップ】●基本のリップを選ぶなら、ツヤあり・明るいブラウンを……084
色を上手に使えば、シミや疲れ顔もカバーできる……086
プロのような薄づき肌を叶える、メイクブラシ……088
メイクの仕上がりを左右する、スポンジと綿棒……090
ポーチの中身は、
クッションファンデ、綿棒、リップの3セット……092
ツールのメンテナンスもメイクのうち……094
column_1
必要なインナーケアがわかる、血液検査……096
column_2
深呼吸は、内面からのきれいを叶える朝の儀式……097

Part 3
色を使いこなせば、いつも素敵な自分に

木曜日からは色の力を借りたメイクを …… 102
【リップ】● 赤、ベージュ、ピンク、ブラウンの4色で印象チェンジは自在 …… 104
【リップ】● 洗練された印象には、セミマットなブラウン …… 106
【リップ】● センスの良さを高めてくれる、ツヤのベージュ …… 108
【リップ】● おしゃれ上級者に見せる、ツヤのソフトピンク …… 110
【リップ】● 華やかさ、女性らしさを高めるソフトマットの赤 …… 112
【アイシャドウ】● おしゃれ度が増す、まぶた広めのビビッドカラー …… 114
新色こそ、手軽にトレンド顔になれる大人の味方 …… 116

Part 4
雰囲気美人に見せる、質感づかい

【チーク】● 「なんだか素敵」を叶えるピンク、ベージュ、オレンジの3色 …… 122
【チーク】● 肌の疲れをカモフラージュするピンクチークのグラデーション …… 124
【チーク】● ワンランク上のロースキンに整えるベージュ …… 126
【チーク】● 親しみやすさには、オレンジのチークを横広に …… 128
【ファンデーション】● さり気ないのに効果的。ツヤとマットの肌質チェンジ …… 130
シンプルなおしゃれが際立つワントーンメイク …… 134
クール×フレッシュ。印象の違う要素をミックスさせて …… 136
【リップ】● 指塗り、直塗り、ブラシ塗り。塗り方で印象は変わる …… 138
【眉】● 眉尻を整えてセンスの良い顔に …… 140

Part 5
大人の肌悩みは、メイクの力で解決できる

【シミ・ニキビ跡】
気になるシミには、ファンデ色・コンシーラー……144
【クマ・ニキビ】
目の下のクマには、固めコンシーラーを指塗りで……146
【テカリ、メイク崩れ】
プレストパウダーを、スポンジでピンポイントに……148
【毛穴の目立ち】
ファンデーションの上から、パール下地を重ねて……150
【痩せた唇】
唇色のリップライナーで、ふっくらリップが完成……152
【唇の荒れ】
唇の皮むけは、ホットコットンでピーリングを……154
【印象の薄い目元】
下まぶたの目尻側ラインで、ぱっちり目に……156
column_3
困ったときに助けてくれる、鍼と美容クリニック……158
column_4
美容も食事も3日単位で考えて……159

Part 6
メイクの仕上がりを左右するスキンケア

時間をかけるだけで肌は変わる……162
化粧水をたっぷり入れるための、プレ乳液と拭き取り化粧水……164
大人の化粧水は、パッティングと2回以上の重ねづけを……166
ホットタオル＋ローションパックでツヤのある肌に……168
肌の調子がイマイチなときほど、名品コスメの力を借りる……170
朝のスキンケアこそ、シートマスクが効果を発揮する……172
クレンジングは、香りで選ぶ……174
洗顔後のすすぎが、肌の透明感を高めてくれる……176
忙しいときは、「乳液クレンジング」という方法も……178
大人にとって効果的なのは、月1エステよりも毎日の美容ドリンク……180
肌が荒れたときには、お風呂でクリームマスクを……182
歯磨き、皿洗いタイムの「ながらストレッチ」……184
ベッドでの「ついでケア」が肌を巡らせる……186
自分のための香りでもっと美しく……188
おわりに……190

Prologue

38歳からは
肌の印象が大事

大人になるほどメイクで
隠したいパーツは増えますが、
あれもこれもは逆効果。
毎日のメイクがもっと楽しくなる
大人の美容のあり方を
ここではお伝えします。

メイクは見た目以上の魅力を引き出すツール

あなたにとって、メイクとはどんな存在でしょうか？しなければいけない毎日の日課……。そう思っている方も多いかもしれませんね。シミやくすみなどを隠してくれるメイクは、大人にとって欠かせないもの。そして、隠すだけでなく、メイクした顔を見ると明るい気持ちになれたり、新しい色をつけると思わず笑顔になったり、気分をポジティブにしてくれるのもメイクです。

つい先日、化粧品の発表会に行ったときのことです。来場していた大人の女性の方が、鮮やかなオレンジ色のアイライナーをしていたのがとても素敵で、今でも印象に残っています。

大人世代は「いい年だから……」とファッションもメイクも無難にすませてしまいがちですが、メイクに対する好奇心やメイクを楽しむ気持ちは、年齢を重ねるほど、その人の魅力にダイレクトに反映されると思います。

この先、10年、20年、さらに魅力的な女性になるために、メイクをもっと楽しみませんか？

ワンピース／スタイリスト私物

肌がきれいだと美しさアップ！
だから肌は丁寧に

「ナチュラルメイク」とよく言われますが、どんなメイクのことを指すのでしょう。10代や20代なら、すっぴんを生かしたメイクも、若さに後押しされて可愛く見えるものですが、大人の場合は薄化粧すぎると、かえって疲れて見えてしまうことも。大人にとってのナチュラルメイクとは、自分の魅力を際立たせるためにするベーシックなメイクです。その中で土台になってくるのが肌。

肌さえ美しく整っていれば、リップやアイシャドウなどの色を思う存分楽しむことができ、あなたらしい魅力が際立ちます。

新しいファンデーションをつけて出かけたときなど、「なにかいいことあったの？」と聞かれたりもしますよね。それだけ肌は、周りの人に与える印象が大きいということです。私自身も、仕事でメイクをするときは、ベースメイクを重視します。

ツヤッとしている肌は、それだけで生き生きとした内面からの美しさを表現してくれるのです。

トップス／スタイリスト私物

潤いがあるだけで、大人の魅力は高まる

同世代の方で、きれいだなと思う人を想像してみてください。

その方は笑顔が素敵ではありませんか？

メイクが上手だとか、顔立ちが整っているということに関係なく、その人から漂うポジティブで幸せそうな雰囲気を、「素敵だな」と感じていると思います。

そして、そんな素敵な人に共通しているのが「潤い」です。

肌がツヤツヤしているだけで、毎日が充実していて幸せそうな印象を受け、一緒にいるこちらもハッピーな気持ちになります。

反対に、どんなにトレンドのファッションに身を包んでいても、ハイブランドのバッグを持っていたとしても、肌がカサカサしていると魅力は半減してしまうものです。

肌が持つ水分や油分量は、年齢とともに低下していくのは当たり前。だからこそ、毎日のスキンケアやメイクで潤いを補ってあげることが大切です。

肌や髪が潤っている……それだけで見えない暮らしぶりまで、豊かでおしゃれに見えてくるものです。

生花を飾るなど、日々の暮らしの中でも潤いを大切にできる女性は素敵だなと思います。

続けること。それがきれいの近道

食事の前に必ずお水をひと口飲んだり、撮影中の軽いストレッチを欠かさなかったり……。女優やモデルの方と接していると、みなさん日頃からさり気なくきれいになることを心得ているな、と感じます。

私自身を振り返ってみれば、ちょうど40代くらいから、毎年誕生日にひとつずつ、健康や美容につながる「ながら習慣」を増やしてきました。もちろん、続ける努力は必要ですが、体に染みついてしまえば歯磨きと同じで、やらないと気持ち悪いのです。

そうなればこっちのもの！です。

「美は一日にしてならず」という言葉があるように、1日や2日だけ、美容に良いことをしたくらいではきれいになれないのは、身に染みていらっしゃる方も多いはず。

とくに最近は美容に関する情報が溢れているので、あれもこれもと試してみても、なかなか継続しづらいですよね。だからこそ、できないことに目を向けるのではなく、できることを続けてはいかがでしょう？

ただ続けること、その積み重ねが確実に美しさにつながると信じています。

体を温めることはメイクのノリを左右します。朝の白湯も10年以上続けている日課です。

メイクはファッションの一部、トータルで考える

雑誌を見ていると、美しい女優やモデルに目を引かれますよね。

でも、この美しさってメイクの力だけではないのです。

撮影現場では、メイクのほか、ヘアスタイリスト、ファッションスタイリストと、さまざまな分野のプロたちがひとつのスタイルをつくりあげています。

メイクはもちろん、洋服やヘアだけでも完成しないのです。それぞれがバランスよくマッチすることで、美しく仕上がります。

トータルのバランス感覚は撮影現場だけでなく、ふだんの生活でもとても大事。

たとえば、キラキラと光るダイヤモンドが耳にきらめいていて、真っ赤なリップ、目元にもチラチラと光を放つようなアイシャドウというのは、フォーマルな席にはとてもドラマチックで華やかですが、日常ではトゥーマッチ。

大人世代のメイクは、メイクを顔だけのものととらえるのではなく、アクセサリーやファッションも含めたトータルで考えましょう。メイクしたあと、全身を鏡で見てみてください。たったそれだけでも、いつもよりメイク上手になれるはずです。

ネイルもメイクの一部だといつも思います。とくに赤いネイルは、塗るだけでおしゃれをするワクワク感が高まります。

時にはご褒美を。
大人こそ贅沢ケアを取り入れて

みなさんは、日々ご自身にどんなケアをしていますか？

30代後半以降はとくに、仕事でキャリアを積んで忙しく働いている方もいるでしょうし、子育てで自分の時間が取れない方もいると思います。役割が増えていくにもかかわらず、ケアすべき箇所が増えてくる……。

だからこそ、自分を甘やかす時間を積極的につくってほしいなと思います。

たとえば毎日の化粧品。ベーシックなアイテムは、コストパフォーマンスの良いコスメで構いません。でも時には、贅沢なクリームやパックを取り入れてみてはいかがでしょう？　ナイトクリームでも良いですし、週末にだけ使うパックでも！　もちろん、月に一度のネイルサロンも素敵ですよね。

そうやって自分のために気持ちが上がるような習慣を取り入れることで、メイクだけではつくれない、「なんだか素敵ね」という大人のきれいが身につくはず。

自分をどれだけハッピーな状態にしてあげるかが、大人の美しさの差になるのだと思います。

イヴ・サンローランのクリームやSK-Ⅱのローションは、何年経っても変わらない気持ちの高まりをくれるアイテムです。

（中央）フェイシャル トリートメント エッセンス 160mℓ ／SK-Ⅱ、クリーム・香水／ともに私物

大人のナチュラルメイクは、自分を知ることが第一歩

美しくなるということは、自分を知ること。年齢を重ねるほどそう感じます。

肌が乾燥しやすいのであれば、クリームやオイルが欠かせないし、テカリやすい肌なら角質ケアできるローションを取り入れてみる。

「この人が使っているから」ではなくて「私の肌だから」という目線を持つことができれば、美容についての迷いは少しずつ消えていくはずです。

メイクだってそう。マスカラやアイライナーを取り入れたほうがいい顔立ちもあれば、やりすぎるとトゥーマッチになる顔立ちの方もいるはずです。

誰かがいいと言っていることを鵜呑みにするのではなく、自分に必要かどうかを見極める目をどうか大切にしてください。

とくにメイクに関しては、失敗してもクレンジングをしてしまえばいくらでもやり直しがきくものです。

失敗しても大丈夫！　それくらいのラクな気持ちでメイクと向き合いたいものです。

Part 1

大人世代のきれいが決まる！10大アイテム

30代後半からは、
何を使うかがきれいの決め手に。
“大人だからこそ”の美しさや
おしゃれを手に入れるための、
20代までとは違うコスメ選びの
視点をご紹介します。

化粧下地

化粧下地でメイク全体の印象が決まる

みずみずしい肌なだけで元気な人に見えるように、肌は全体の印象を決める大切なポイント。それにもかかわらずシミやしわ、くすみなどは年齢とともに増えるばかり……。

化粧下地は、そんな大人の肌になくてはならないアイテムです。

さまざまな肌悩みが出てきた大人だからこそ、下地で肌を一度ゼロの状態に整えることがメイクの準備段階として欠かせません。休日や近所への買い物程度なら、下地だけでベースメイクを完了させても問題ないくらいに補正効果が高いので、下地を使わないのはもったいない！　大人ほど陥りやすいベースメイクの厚塗りも、下地で予防できますし、下地を使い分けるだけでベースメイクのイメチェンだってできるのです。

選ぶときは保湿力、伸びの良さ、透明感のあるものを基準に。

ほとんどの下地にＵＶカット機能は備わっていると思いますが、紫外線量の多い季節には、日焼け止めと合わせて使いましょう。

ポール&ジョー（右上）とRMK（中央）はパール感のあるタイプ。ソフィーナ（左）はテカリ防止用。潤った肌をつくるときはアンプリチュード（左下）、イヴ・サンローラン（右下）は、ポイント使いと、下地の用途別にいくつか持っておくのがおすすめです。

（右から反時計周りに）ラトゥーエクラ ファンデーションプライマー、クリーミィ ポリッシュト ベース、プリマヴィスタ皮脂くずれ防止化粧下地、クリアカバーリキッドベース、ラディアント タッチ グロウ ショット／すべて私物

口紅

メイクのトレンド感を高める、定番と旬の口紅

メイクの華やかさは口元で決まる、と言っても過言ではありません。

大人世代なら、TPOで洋服を変えるように、ぜひリップを使い分けてみてください。そのとき必ず持っておきたいのは、どんなシーンでも浮かない定番の1本。オンでもオフでも使えて、顔色を明るく見せてくれる「マイベストリップ」は、毎日の自信につながるお守りみたいなアイテムです。

また、赤リップをつけこなす女性がここ数年で増えてきたように、リップはトレンド感が強く出るパーツ。おしゃれを楽しむためにもシーズンごとに1本、新色を取り入れてみませんか？

今シーズンなら写真の左のようなマットな質感のリキッドリップがおすすめです。塗るだけで去年買ったワンピースも今年らしいおしゃれに見せてくれるはず。

リップメイクには特別なテクニックは必要ありません。アクセサリーを付け替える感覚で楽しんでください。その好奇心がポジティブな魅力につながります。

最近のお気に入りは定番的に使えるシャネルの＃174（右）と今っぽい質感のアルマーニのリキッドルージュ。

（右から）ルージュ アリュール 174、リップ マグネット 407／ともに私物

化粧水

艶やかな肌をつくるのは、たっぷりの化粧水

みずみずしさは、きれいな人の必須条件。肌が潤ってさえいれば、多少のシミやしわなんかは気にならないほどに、大人の美しさの土台になります。化粧水はただ潤いを補うというだけでなく、メイクをきれいに仕上げるために使う、という意味もあるのです。

そのみずみずしさを補ってくれるのが化粧水です。撮影の現場でも、メイク前のスキンケアは欠かせません。化粧水によって肌を潤いで満たすことで、ファンデーションのノリもよくなり、厚塗りを防ぐことにもつながるのです。

年齢を重ねれば、当然肌の水分量は落ちてくるもの。だから化粧水は、肌にジャブジャブ使えるものを選びましょう。

私自身は、価格や成分はあまり気にしていません。それよりも使って心地いいもの、たっぷり惜しみなく使えるかが選ぶ基準です。

とにかく惜しみなく2度、3度と重ねると、肌はきっと変わります!

たっぷり使えてさっぱりとした使い心地のもののほうが、重ね塗りには適していると思います。香りも選ぶ基準なので、気分によって使い分けます。

（右から）アルジェラン モイスト ローション／私物、薬用スキンコンディショナー エッセンシャル ［医薬部外品］165ml ／アルビオン、アクセーヌ モイストバランス ローション／私物

日焼け止め

5年後の美肌を約束してくれる、日焼け止め

撮影の仕事はロケも多いので、20代の頃から日焼け止めは1年を通して欠かさないようにしてきました。年齢を重ねた今、肌を褒めてもらうことがあるとしたら、毎日の紫外線対策のおかげだと思っています。けれども同時に、手元にできてしまったたくさんのシミを見るたびに後悔します。「手にも塗っていればよかった……」と。

大人のみなさんなら、紫外線のこわさは十分ご存じだと思いますが、これまで受けてきた紫外線ダメージは、肌の中に蓄積しています。30代後半くらいから、1日UVケアを忘れただけで、一気にシミが出てくる人もいます。

今あるシミを濃くしないためにも、これからシミを増やさないためにも、外出時には1年中、紫外線対策を習慣にしましょう。顔はもちろん、首やデコルテ、手元にもぜひ！　そして日焼け止めは、必ず最新のものを使ってください。

化粧品メーカーの研究はめざましく、1年前は予防できなかった波長が今年はブロックできたりと、紫外線対策は年々進化しています。5年後、10年後に後悔しないためにも、UVアイテムは、毎年新しいものにアップデートしてくださいね。

顔用、からだ用はもちろん、リップ用のＵＶアイテムなどを取り揃えても。ベタつかないもの、そんな基準で選ぶと手やデコルテなどにも抵抗なく使えます。

（右から）スーパーUV カット インテンシブ デイクリーム、クレ・ド・ポーボーテ クレームUV、HACCI セラムインUVボディクリームa、UVリップカラースプラッシュ／すべて私物

ネイルオイル、リップクリーム

清潔感ある美しさをつくる、細部のケア

大人の美しさに欠かせないのが、「清潔感」。

どんなに肌がツヤツヤ美しくても、爪が伸びすぎていたり、毛先がパサパサだったり、唇が荒れていたりすると、魅力が半減するばかりか「だらしのない人」というマイナスのレッテルまで貼られてしまいます。

指先や口元は、よく使うパーツなのでトラブルが起きやすいもの。しかも、人目に触れやすく、ちょっとの不調も目につきやすいのです。だから日々のお手入れが欠かせません。リップクリームやネイルオイルは手軽にさっとケアできる大人世代の必需品です。

私の場合、出かけるときのポーチやバッグの中だけでなく、玄関や洗面台、ベッドサイドやリビングなど、いつでも使えるように、家の中でもいろんなところに置いています。

気づいたときにケアする。そんな毎日の積み重ねがメイクやファッションだけでは語れない、佇まいの美しい人に近づけてくれるのだと思います。

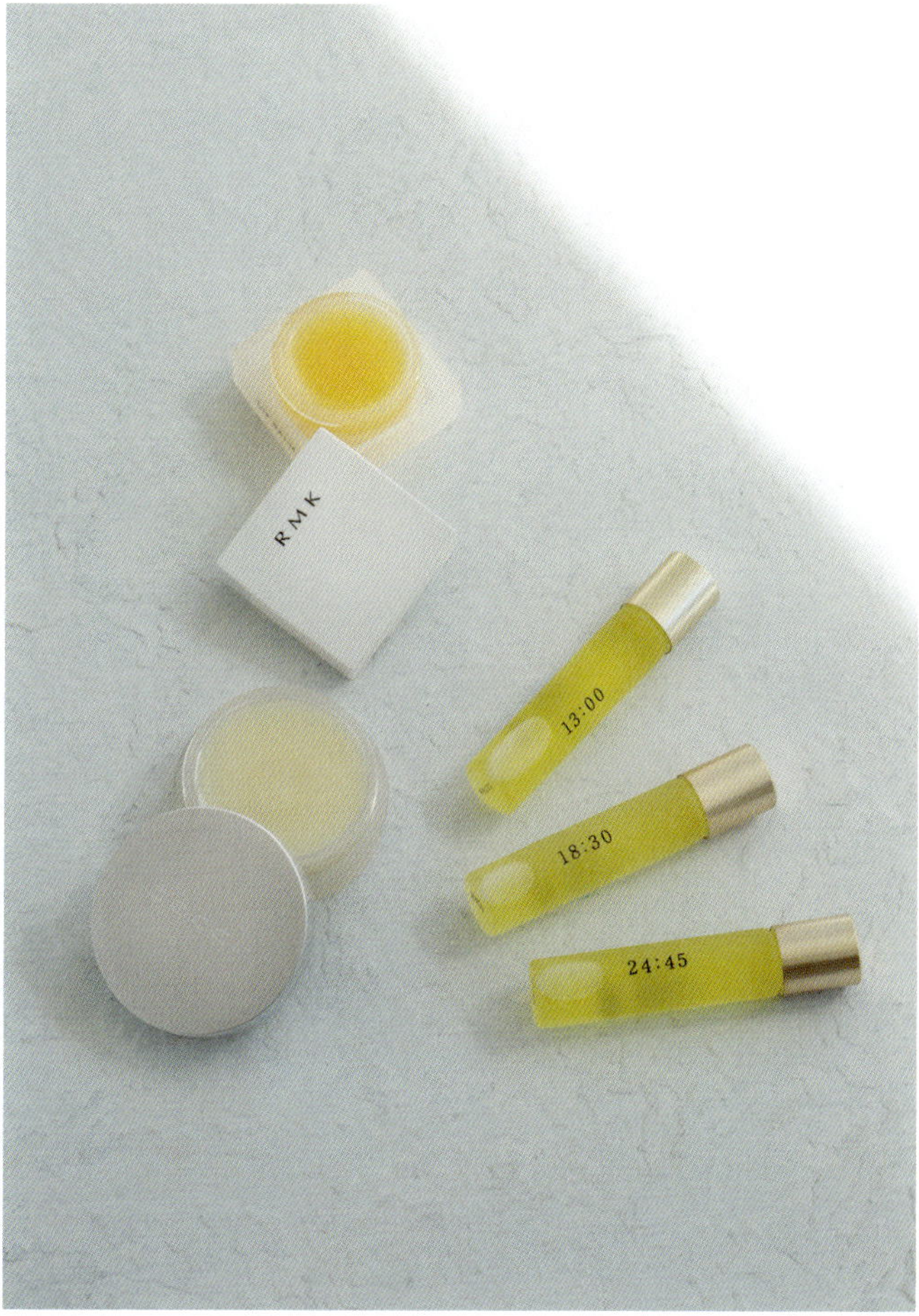

ポーチにあるだけで気分が上がるアイテムを選ぶのも楽しみのひとつ。

（右）ネイルオイル13：00、18：30、24：45各5ml／uka（上）リップバーム〈LC〉7g／RMK Division（下）リップ コンセントレイト バーム／SUQQU

入浴剤

炭酸と塩の入浴剤で、透明感ある肌を

肌のくすみやメイクノリの悪さは、血行不良からきていることがほとんど。

メイクアップアーティストが、モデルの顔や肩周りを念入りにマッサージしてからメイクするのは、血液の巡りをよくしてコンディションのいい肌に整えるためです。

お風呂は毎日の中で無理なくできる血流アップ方法です。

忙しいときほど、お風呂を味方につけましょう。そのときにおすすめしたいのが入浴剤。体調に合わせて入浴剤も使い分けると、癒し度がグッと高まります。

シュワシュワと発泡する炭酸系の入浴剤は、疲労回復をサポートしてくれる効果があるので、1日中外出していた日の疲れた体や、デスクワークで凝り固まった体をほぐしてくれます。また、頭をフル回転させた日や、イライラしたときなどはたっぷり汗のかけるバスソルトがおすすめです。お気に入りの香りのものをいくつか用意したり、エッセンシャルオイルと組み合わせて使うのもいいですね。

大人のきれいは、付け焼き刃的なお手入れだけではどうにもならないもの。

それをサポートしてくれるのが毎日のお風呂であり、入浴剤なんです。

バスソルトはアロマの香りや塩の成分で使い分けるのも。

（右から）ローズダイブ バスソルト 285g ／SHIGETA、バブ 薬用メディキュア／私物、薬用BARTH 中性重炭酸入浴剤／TWO、エプソルト・ボタニカル／私物

シートマスク

「忙しいのにきれい」を叶えるシートマスク

美容のために大切なのは、毎日続けること。

でも、忙しくて時間がない！ そんな人がとくに多いのが30代後半以降。

そこで効果を発揮するのが、シートマスクによる「ながら美容」です。

とくに朝のスキンケアでは、シートマスクは強力な味方になってくれます。パックしたままヘアセットをしたり、家事をしたり。しかも、しっかり保湿できるので、ファンデーションの量も少量ですみ、メイクのノリが違ってきます。

メイク崩れの原因は、肌が潤い不足によって余計に皮脂を分泌すること。つまり、シートマスクをスキンケアに取り入れるだけで、メイク持ちのいい肌を叶えることだってできるのです。

仕事の現場でも、メイク前のシートマスクは欠かせません。シートマスクをすることで、接近戦もこわくないナチュラルなベースメイクに仕上がるからです。

大人世代が目指したいのは、忙しいのにそんなふうに見せない美しさ。それをシートマスクは叶えてくれますよ！

プチプラなタイプはデイリー使いに、肌へのご褒美としてラグジュアリーなブランドのシートマスクもおすすめです。

(右から) AQMW レプリション マスク、薬用スキンコンディショナーエッセンシャル ペーパーマスク、ミノン アミノモイスト ぷるぷるしっとり肌マスク／すべて私物

ヘアブラシ

ブラッシングは「引き締め、小顔、美髪」の一石三鳥

顔と頭皮は1枚の皮膚でつながっています。

頭皮は固まることで下がり、額のしわやたるみが発生したり、顔のくすみが起きたりする原因になります。ですから、大人にとって頭皮のケアは肌のケアと同じくらいに大切だと思います。

なかでもブラッシングは、毎日手軽にできる頭皮ケアの習慣です。

ブラッシングを習慣にするためにも、一生もののブラシをそろそろ揃えてみませんか？「メイソンピアソン」は、若い頃に美容師として働いていたときから愛用している、まさに一生モノ。朝やお風呂の前に、前から後ろ、右から左、左から右と、頭を全方位からブラッシングするだけです。頭皮の血行が良くなるので顔周りのケアにも効果を発揮しますし、頭皮や髪の汚れがオフしやすくもなります。

ピンク色の「ウカ」は、シャンプー時の頭皮マッサージャーとして取り入れています。もちろんブラッシングは、美しい髪を育むためにも欠かせません。肌も髪も美しい人でいるために、ぜひ実践していきたいですね。

長年以上使い続けているメイソンピアソンのブラシ（左）は、エクストラスモールブリッスルというタイプ。ウカはソフトタイプのものを使用しています。

（右から）uka scalp brush kenzan soft／uka、メイソンピアソン／私物

美容家電

足りないケアを補ってくれる大人の強い味方

アラフォー世代は、化粧品だけのお手入れでは足りない部分も出てきます。それを補ってくれるのが、美容家電です。

仕事柄、いろんな種類の美容家電を試していますが、メイクの現場で女優さんやモデルさんに好評なのが、左の写真の「セルキュア」と「デンキバリブラシ」です。

「セルキュア」は、エステにある小顔やクレンジング、リフトアップなどのさまざまなメニューをセルフケアでできる美顔器。

「デンキバリブラシ」はネーミングの通り、通電しているブラシです。これで頭や顔などをブラッシングすると、血流が良くなりリフトアップ効果が期待できるというもの。どちらも高額ではありますが、実際に使ってみるとやっぱり効果は絶大！　そう感じます。

月に一度エステに通うことを考えれば、毎日使えるうえに長く使える美容家電はコスパのいいアイテムだと思います。それに、早く使い始めるほどお得なアイテムです。40代に向けてのきれいの先行投資として、手に取ってみてもいいかもしれません。

セルキュア4Tプラス（右）は、さまざまなモードでお手入れができるので、ひとつあると重宝します。デンキバリブラシは（左）メイクの現場でも人気の一品です。

（右から）セルキュア4Tプラス、デンキバリブラシ／ともに私物

スポンジ

メイクのレベルが上がる、使い捨てのスポンジ

ある程度の年齢の大人なら、きっと基本的なメイクはできているはず。だけど、これから目指してほしいのは、メイクはしているけれどもそう感じさせないナチュラルなメイクです。

そのために欠かせないのが「ぼかす」というひと手間。

もしかしたら、プロのヘアメイクと一般の方のメイクの違いは、このひと手間だったりするのかもしれません。それくらいにメイクの仕上がりに差がつきます。

「スポンジなんてすでに使ってる」という人がほとんどでしょう。

でも、手にしてほしいのは使い捨てのスポンジです。

衛生的なのはもちろんですが、ファンデーションを塗ったらぼかす、チークを塗ったらぼかす、アイシャドウやリップのぼかしにも使えます。

使い捨てという手軽さと、どのパーツにでも使えるマルチさが、プロのようなメイクのひと手間を習慣づけてくれます。年を重ねた大人だからこそ、ちょっとの工夫が想像以上のきれいの差になって現れますよ。

平たいタイプのスポンジではなく、立体感のあるタイプが使いやすくおすすめです。コスパがいいだけでなく、それ以上の仕上がりを約束してくれます。

バリュースポンジN ダイヤ型タイプS 30P／ロージーローザ

Part 2

ちょっとしたテクニックで
ふだんの顔も美しく

ここではどんなシーンにもフィットする
38歳からの基本のメイクを紹介します。
少ない時間で効果的に
きれいを引き出すポイントを知ることが、
大人のメイクの第一歩です。

メイクの考え方

疲れて見せないことが基本。ツヤが何より大事

30代後半くらいから徐々に気になり始めるシミやくすみは、肌を疲れて見せる原因です。先日、忙しくてベースメイクをしないで現場入りしたときに、「今日疲れてる？」と、いつものスタッフに心配されてしまいました。とくに寝不足なわけでもなく、ベースを省いただけなのに……。それだけ肌は人の印象を左右するんですね、そう改めて感じました。そのために意識したいのがツヤです。

たとえば、耳元に素敵なピアスをしている人がいると、つい目を奪われてしまうこと、ありませんか？

輝きは人の心を奪う魅力を持っていると思います。肌も同じです。ツルツルな肌の人に会うと、こちらまで幸せな気分になるものです。

肌にとっての輝きは、ツヤや潤いです。大人の肌は、何もしないと疲れているように見えたり、不機嫌に見えたり、あまりいいことはありませんよね。

ツヤや潤いは、メイクやスキンケアで簡単に手に入れられるものです。

ぜひ今日からツヤを意識してみてください！

スキンケア

朝のスキンケアが、メイクの持ちと清潔感の決め手

撮影現場でのメイクはスキンケアから始まります。

もちろん、どのモデルさんや女優さんも、自宅で朝のスキンケアはして来ているのですが、それだけメイク前のスキンケアは、仕上がりに深くかかわってきます。

みなさんのベースメイクも、朝のスキンケアから始まっていると意識しましょう。

慌ただしい朝の時間は、つい手短にスキンケアをしてしまいがちですが、乾燥している肌は、自ら潤わせようと過剰に皮脂を分泌し、それがテカリや崩れの原因になります。

朝は化粧水、シートマスク、そして乳液かクリームが基本です。

ベタつくからと乳液やクリームを省きがちですが、かえって皮脂の分泌を促すので逆効果。夏でも乳液かクリームは、スキンケアの仕上げに欠かせません。

そしてメイクに取りかかるのは、乳液などが肌の上で上滑りしないようになってから。スキンケア後、ひと呼吸おいてあげるゆとりも、美しさの決め手ですよ。

化粧水、シートマスク、乳液かクリームが朝のスキンケアのラインナップです。季節や肌状態に合わせ、乳液とクリームを使い分けます。

(右から)薬用スキンコンディショナー エッセンシャル ペーパーマスク E [医薬部外品] 12mℓ×8枚入り／アルビオン、フェイシャル トリートメント エッセンス 160mℓ／SK-II、Dr.ハウシュカデイクリーム、イハダ ドライキュア乳液／ともに私物

化粧下地

パール感、テカリ予防、潤い。下地は3つ揃えたい

How to select

化粧下地は肌につける下着です。ファンデーションでは解消できない肌悩みも、下地だから叶えてくれるくらいに、大人のベースメイクにとってなくてはならない存在です。下地を変えるだけで、ベースメイクの仕上がりを変えることもできるのです。

大人に必要なのは、パール感のあるもの、テカリを抑える効果のあるもの、潤いをチャージしてくれるものの3種類。パール入り下地は、肌をツヤッと見せてくれるので、肌の調子が悪かったり、パーティーなどで華やかに見せたかったりするときに効果を発揮します。

テカリを抑えるタイプは1日メイク直しができないときなど、Tゾーンを中心になじませましょう。「美容成分入り」などと表示されている潤いタイプは、基本の1本として。また、秋冬などの乾燥が気になるシーズンにもおすすめです。

最近は、PM2・5や黄砂、ブルーライトなどが肌の老化にかかわっているとも言われています。空気中のストレス物質から肌を守る下地もたくさんあるので、あわせて使い分けてみるのもおすすめです。

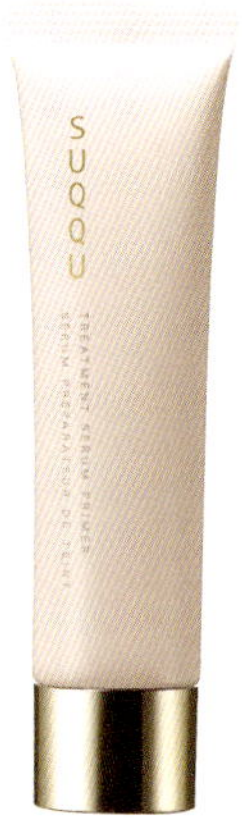

みずみずしいツヤ肌に仕上がるベーシックな下地。

トリートメント セラム プライマー SPF15・PA^{+} 30ｇ／SUQQU

さらさら肌に仕上がる下地はメイク直しできない日に。

ドラマティックスキンセンサーベース EX SPF 25・PA^{+++} 25mℓ／マキアージュ

繊細なパール感で凹凸のない肌に整えてくれます。

イルミネイティング セラム プライマー SPF20・PA^{++}30mℓ／ジルスチュアート

ファンデーション

大人のツヤ肌づくりに欠かせないのは、リキッドファンデ

How to select

ファンデーションは、下地でゼロに戻した肌にのせるヴェールです。まだ薄いシミや、毛穴などはファンデーションで隠すことだって可能です。

大人のメイクにとって大切なのは、肌のツヤ、とお話ししてきましたが、それを踏まえて、ベーシックなファンデーションは、薄づきとツヤが両立するリキッドタイプを選びましょう。リキッドだからといってマットなタイプは、ふだん使いにはあまりおすすめしません。グロウ肌、ツヤ肌などと謳っているものを選びます。

手でなじませられるのも、リキッドファンデーションのメリットです。

スキンケアの続きの感覚で手でなじませれば、時間をかけずにベースメイクが完了します。シミや目周りのクマなど、少し気になる部分にのみ重ね塗りすれば、美しいツヤ肌の完成です。

パウダーファンデーションは手軽ですが、パウダーという性質上、ツヤを吸収してしまいがち。パクトタイプの手軽さがほしいなら、クッションタイプのファンデーションを選んでみるのもいいかもしれません。

重ねても厚ぼったくならず
みずみずしい肌に。
マイファンスィー　アクア
ファンデーション SPF25・
PA⁺⁺30mℓ　全10色／Koh
Gen Do

伸びが良くて上品なツヤ肌
に整うリキッド。
ザ スキンケア ファンデー
ション SPF25・PA⁺⁺ 30mℓ
全15色／アディクション

ミネラル仕様なので肌が疲
れているときにも。
ベアミネラル CR ティンテッ
ド ジェル クリーム SPF30・
PA⁺⁺⁺全7色／ベアミネラル

ファンデーション

手&スポンジのW使いが時短と薄づき肌を叶える

How to use

化粧下地やファンデーションを塗るときは、手塗りがおすすめです。手で塗ることでテクスチャーが温められ、伸びが良くなりますし、顔全体に均一に塗り広げることができます。

実は、スポンジやブラシで塗ると、ファンデーションを吸収してしまい、ムラになりやすくなります。確実さを求めるなら、手を使うほうがいいでしょう。

1プッシュ出したら、2本指に取り、面積の広い部分から全体に塗り広げ、小鼻周りや目元など凹凸のある部分は指先を使ってなじませるだけです。そのあと必ず、全体をきれいなスポンジでなじませ、整えます。

ベースメイクの崩れは、塗りすぎたファンデーションと皮脂が混ざり合って起こります。スポンジを使うことで、余分なファンデーションをオフしつつ、密着度が高まりメイクの持ちも変わってくるのです。

ベースメイクで意外と見落としがちなのが鼻の周りと上まぶた。とくに、上まぶたはくすみが出やすいパーツでもあるので、塗り忘れのないよう気をつけてくださいね。

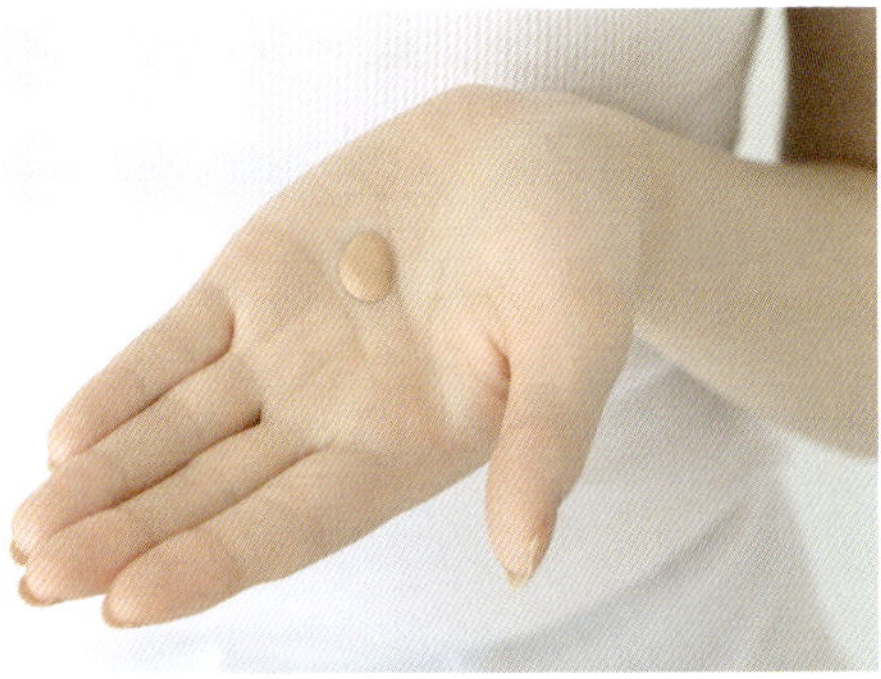

1

1回の量は1円玉くらい。

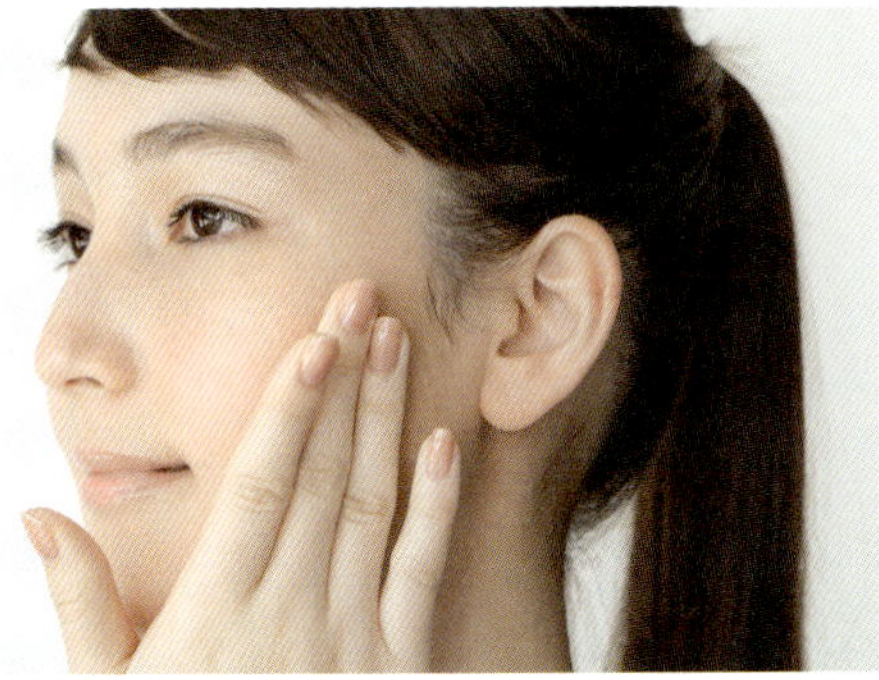

2

中指と薬指を使うと肌をこすりすぎずに塗り広げられます。

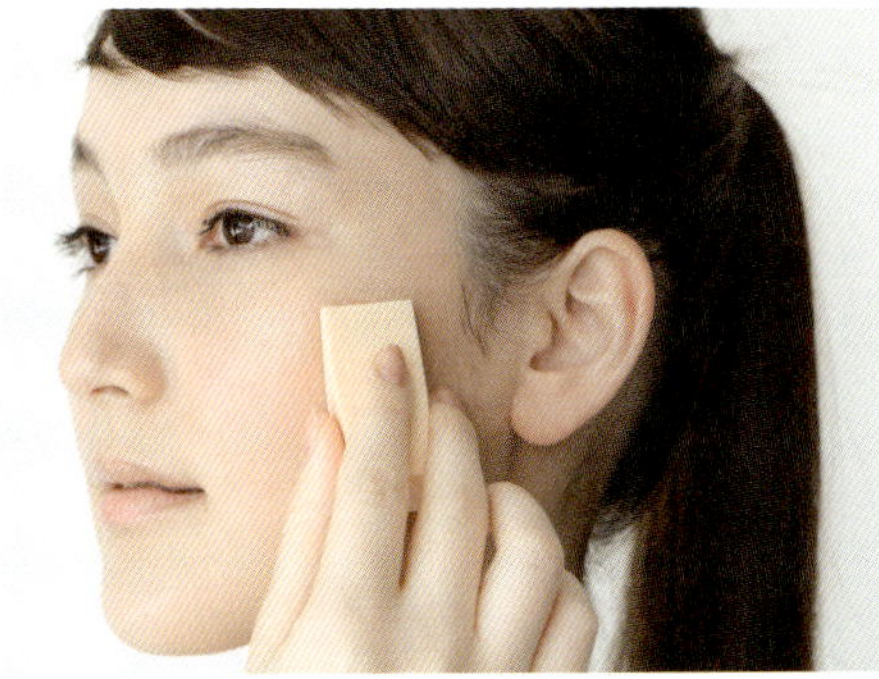

3

とくに左右のフェイスラインはムラになりやすいので念入りにスポンジでぼかします。

チーク

ツヤが出るソフトピンクが大人のマストアイテム

How to select

「なんだか幸せそう」「なんだかいつも素敵」……。言葉では表せないポジティブな幸せ感を表現できるのがチークだと思います。

最近は、チークレスがトレンドにもなっていますし、私もリップやアイカラーにポイントを置いたチークレスメイクを提案することもありますが、テレビに出演される女優の方のメイクやファッション撮影のときには、チークが欠かせません。

わかりやすいメイクではありませんが、全身で見たときのハッピー感や、いきいき感にかかわってくる、それが大人のチーク使いの鉄則です。

そのためのベースとして準備したいのが、ソフトピンクのチークです。ピンク色の自然な上気感と明るいツヤが、メイク全体に幸せそうな雰囲気を加えてくれます。

ツヤ肌に見せたいなら、リキッドやクリームタイプか、パウダータイプならパール感のあるものを選びましょう。下地とリキッドファンデでつくったツヤのある肌に、淡いピンクのチークがプラスされるだけで表情が明るく見え、肌を一層きれいに見せてくれるはずです。

メイクの現場でも登場することの多いのがこの 3 アイテム。

(上から) ザ ブラッシュ プリンセス ゴウ／アディクション、ブラッシュ カラー インフュージョン 01／ローラ メルシエ、ジェル ブラッシュ 02／ポール & ジョー ボーテ

チーク

30代のチークは、ツヤと一体化させた横長が基本

How to use

大人にとってのチークは、目立たせるアイテムではなく、肌に溶けこませて効かせるアイテムです。「入れていると感じさせない」を第一に考えてメイクしましょう。

そのためにも、パウダーはブラシに取ったら、手の甲などで一度余分な粉をオフします。クリームやリキッドも手の甲で色をなじませ、そのうえで肌にのせるようにしてください。

また、チークは入れ方によっても印象が変わります。

大人のベーシックなチークは、頬骨に沿って横長に！です。それがいわゆる「ツヤ玉」になり、幸せそうな雰囲気のもとになります。

イメージとしては、頬骨斜め上向きの楕円を描くようになじませるだけ。よく10代や20代の女の子が頬全体にチークを入れていますが、大人はNGです。頬骨下にまで広がったチークは、顔全体をたるんで見せ、大顔の印象につながります。

チークはマスターすれば誰もがきれいになれるアイテムです。ぜひ試してください。

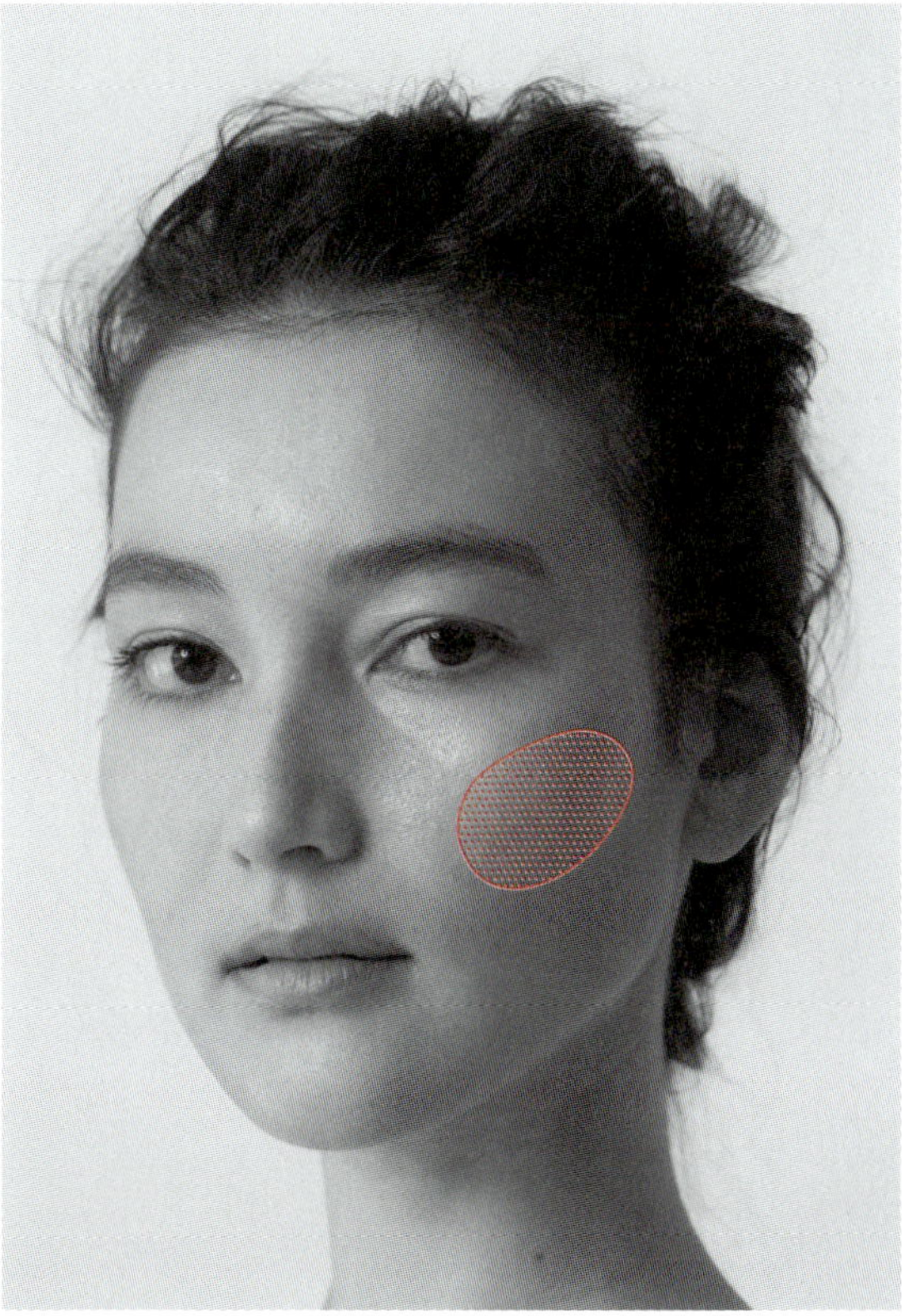

頬骨に沿うように横広の楕円を描くようになじませます。スポンジでぼかすことで自然な血色感に。

ハイライト・シェーディング

大人のぼんやり顔の味方、ハイライトとシェーディング

How to select

1年ぶりに着た洋服が似合わなくなっていたり、メイクがなんだかしっくりこない気がしたり……。30代後半は、少しずつ積み重なってきたエイジングサインが出てくるお年頃です。

ハイライトとシェーディングは、そんなぼんやり感に効果を発揮する、光と影を使ったメイクの錯覚テクニック。大人の方にはぜひ、毎日のメイクの一部に取り入れてほしいステップです。

肌を明るく見せる光の役割のハイライトは、顔色が冴えないときなどに抜群の効果を発揮し、影の役割のシェーディングは、フェイスラインなどに入れることで、たるんできた輪郭をシャープに整えます。

このふたつを使うことで、ぼんやりした印象をはっきりした印象に見せてくれ、小顔効果や立体感のある顔立ちに整えます。撮影現場でも、ファッションなど全身で見られるシーンではとくに大きな効果を発揮します。

66ページから使い方をくわしくご紹介します。ぜひ試してみてください。

クリームハイライト（上・右）はポイント的に。パウダー（上・左）は頬などの広い面に。シェーディング（下）はパウダータイプが使い勝手がよく、おすすめです。

（ハイライト：上・右から）rms beauty ルミナイザー 5mℓ／アルファネット、マット ラディアンス ベイクドパウダー ハイライト01／ローラ メルシエ（シェーディング：下・右から）サンウォッシュディフュージングブロンザー 5168／NARS JAPAN、ザ ブラッシュ ネイキッド ライズ／アディクション

ハイライト

ハイライトをチークと同化させると肌がきれいに見える

How to use

ハイライトは顔色が良くないときも、塗るだけで肌を明るくしてくれる優れもの。一般的には目尻を囲むCゾーンや、Tゾーンにのせると効果的と言われますが、ふだんのメイクには、頬周りだけで十分です。

というのも、アイテムや選び方によっては、皮脂が出やすい額や鼻筋に入れると、せっかくのハイライトがテカリに見えてしまうからです。

基本の入れ方は、チークの上にかぶせるようにして、頬骨にビーンズ型になじませましょう。理想は、チークでプラスした血色感とミックスされた自然なツヤです。チークの上にヴェールをかけるイメージで、こめかみあたりまで大きめの「C」を描くようにします。

頬骨部分が明るくツヤッとすると、顔全体がふっくら見える効果もあるので、頬が痩せてきて気になる人にも効果的です。

また、肌が乾燥していたり調子がイマイチなときには、ハイライトを強めに塗ることでみずみずしい印象が高まり、肌を明るく見せてくれる効果もあります。

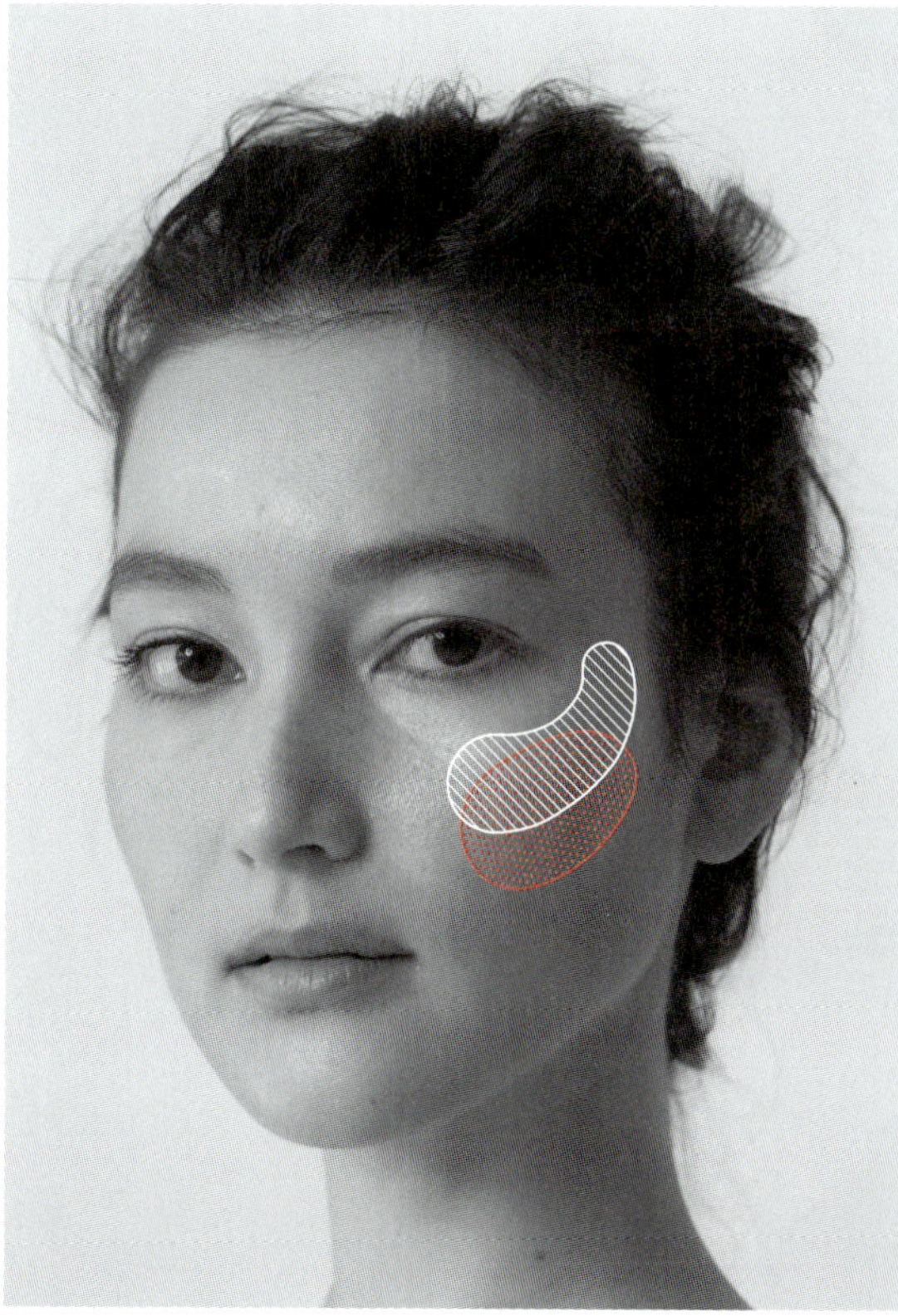

P63のチーク（赤い囲み部分）と部分的に重なるようにハイライトを入れると自然な仕上がりに。

シェーディング

ファンデの白浮きにも効く、シェーディングの使い方

How to use

顔が大きく見えるのがイヤ、小顔に見せたい、引き締めたいなどのお悩みがある方にぜひ使っていただきたいのがシェーディング。シェーディングは、年齢とともに緩んできたフェイスラインをグッと引き締めて見せてくれます。

使い方は意外と簡単。顔周りのUゾーンに沿ってなじませるのが基本です。パウダーをブラシに取り、1～2往復するくらいでOK。幅広く入れるのがポイントです。塗れているのかな?と不安になると思いますが、近くで見てわからないくらいが理想です。このとき、あごの下は塗り忘れをしやすいので注意してください。正面から見て大丈夫だと思っても、横から見ると塗り忘れていることがよくあります。左右から鏡をチェックしてくださいね。

また、シェーディングは、ファンデーションが白浮きした場合にも便利なアイテム。首とフェイスラインに広めになじませ、ぼかしてください。首と顔が自然なグラデーションになり、白く浮いたファンデーションがしっくりなじむはずです。

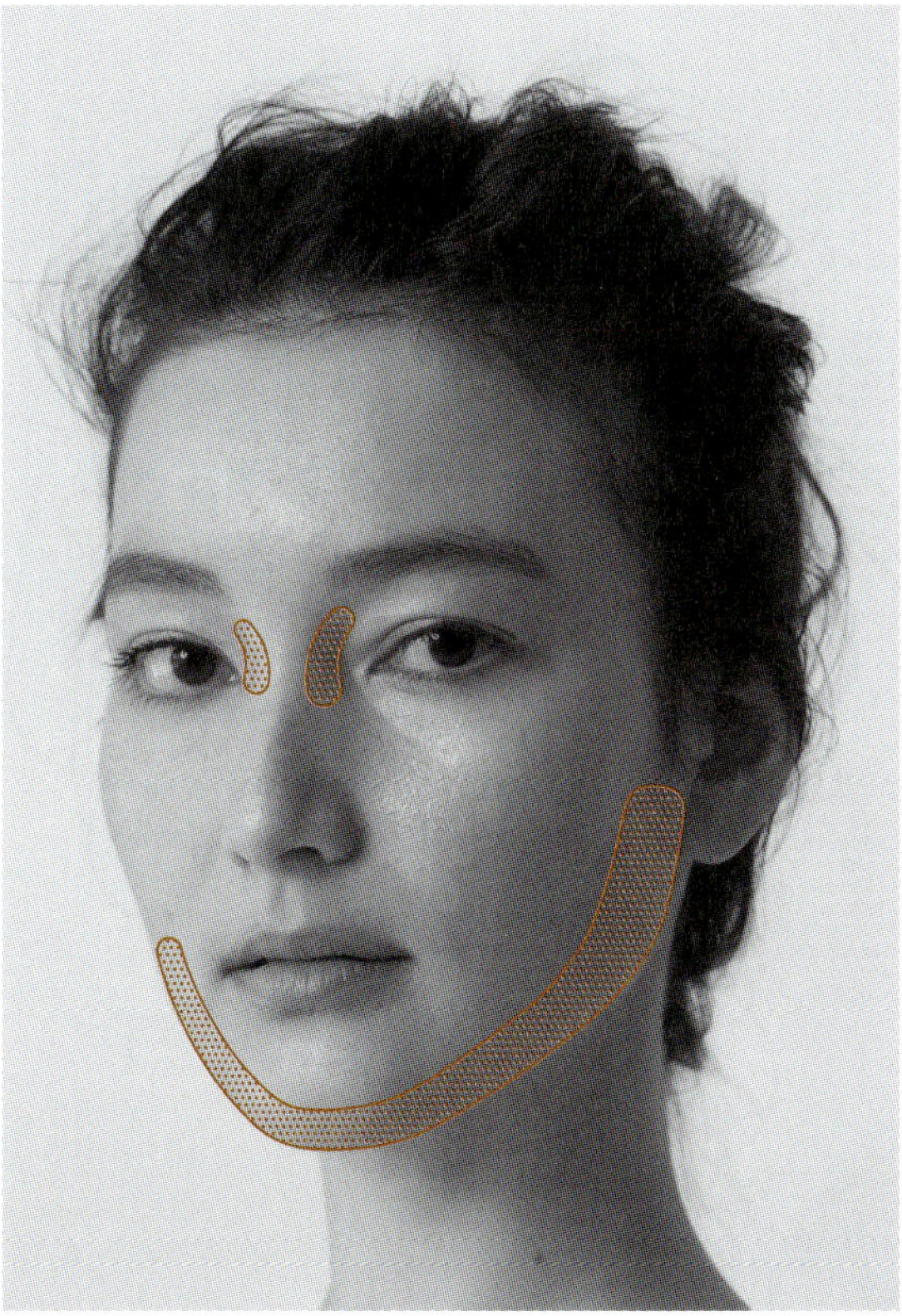

顔周りのUゾーンのほか、目と目の間の鼻筋にうっすらと影を入れると、鼻筋をシュッと通して見せることもできます。人前に立つときやパーティーシーンなどにおすすめです。

眉

自然な眉づくりには、3色以上のアイブロウパレット

How to select

素敵だなと思う女性は眉づくりが上手。しかも、眉が特別目立っておらず、とてもナチュラルです。一方で、眉をつくるのが苦手な人は、ひとつのツールしか使っていない場合が多いように思います。

理想は顔から浮かない自然な眉。実際にメイクの現場でも、特別なリクエストがない限りはその人の眉を生かすようにメイクします。カーブや長さにこだわるのではなく、今生えている眉に肉づけをする程度で十分。

そのために欠かせないのがアイブロウパウダーです。

パウダーならではのふんわりとした質感が、柔らかな表情をつくってくれますし、色を混ぜれば自分にぴったりの色をつくれます。実はペンシルよりも密着度が高いので、落ちにくい眉もパウダーだから叶えられるというメリットも。

ただ、メイクの際には付属のブラシではなく、アイブロウブラシを使いましょう。それだけで仕上がりは格段に変わります。

眉色は、髪色に合わせると、顔全体から浮くことがなく品良くまとまります。

仕事でもよく使っている2アイテム。ルナソル（下）の左の2色はハイライトやノーズシャドウとしても使えますよ。

（上）ディオール バックステージ ブロウ パレット 002／パルファン・クリスチャン・ディオール
（下）ルナソル スタイリングアイゾーンコンパクト 01／カネボウ化粧品

眉

洗練眉に仕上げてくれる細めペンシル

How to select

眉は目立たないようにメイクするのが基本ですが、知的さやセンスの良さみたいなものが現れやすい場所だとも感じます。メイクの仕事の際、10代や20代のモデルにはパウダーだけで眉メイクをすることがありますが、大人ほど細めのペンシルやリキッドもあわせて使っています。というのも、パウダーだけでは繊細さや洗練した印象が足りないことがあるからです。

アイブロウパウダーで全体を整えたあと、ペンシルやリキッドを使ってみてください。生えている毛を1～2本足すように眉頭に線を引くだけで、目元が締まって見え、求心的な表情に整います。

また、ペンシルやリキッドはパウダーに比べると発色が繊細なので、薄眉や眉毛そのものが細い人にもおすすめです。下書き的に地肌にリキッドアイブロウでベースとなる眉をうっすらと書き、上からパウダーを重ねると、ペタッとすることなく自然でボリュームのある眉に仕上がります。

ペンシルを選ぶときには、硬めの芯のものを選びましょう。そのほうがうっすらと色づくので、失敗も少なく自然な眉メイクが叶います。

(右) シャネル アイブロウペンシル (左) エスプリーク アイブロウ／ともに私物

眉

眉の上はいじらない。上方向に描いてぼかすだけ

How to use

眉メイクの基本は自眉に肉づけすることです。

眉が細すぎてどこから手をつければいいのかわからない、という場合には、眉の下側を肉づけするように意識してみてください。

眉がないという人の多くが、眉山を気にするあまりに、目と眉の間の毛を抜いてしまっているケースがほとんどです。ですから、その抜いてしまった部分の毛を埋めるようにメイクすることで、自然な太さのある眉に整います。

また、このときに大切なのが、斜め上に向かってブラシを動かすこと。そうすることで眉全体を自然にリフトアップして描くことができ、仕上がったときの小顔効果も期待できます。

下がった眉尻は、顔全体を丸く見せてしまうので、大人にはちょっと頼りなく見えてしまうため注意が必要です。整えたら、最後にスクリューブラシで全体をとかしてなじませてください。自然な仕上がりになるはずです。

1

メイクの前はスクリューブラシで毛流れを整えます。これだけで眉がキリッとする場合も。

2

眉を描くときは、気持ち斜め上方向にブラシやペンシルを動かしましょう。顔全体が引き締まって見えます。

3

眉頭の毛を1〜2本リキッドで書き足すだけで表情が締まって見えます。

アイシャドウ

おしゃれな目元を叶える、ベージュのクリームシャドウ

How to select

アイシャドウと言えば、何色かでグラデーションするもの、そんなふうに思っている方が多いのではないでしょうか。

アイシャドウは華やかさを出すアクセサリーのような存在。ベーシックなメイクには、アイシャドウは必要最小限で構わないと思います。

ただ、大人になるとまぶたもくすんでくるもの。ツヤっぽく整えた肌にすっぴんのまぶたは浮いてしまうため、潤い感と明るさは必要です。

そこで、ぜひおすすめしたいのがクリームタイプのベージュシャドウ。まぶたはもともと丸みを帯びているので、1色でも塗るだけで自然なグラデーションになるものです。パール感のあるタイプを選べばなおさらです。

アイホールに沿って入れれば、自然な奥行きのある目元に仕上がりますし、眉下ギリギリにまで広く入れると、ツヤ感がセクシーな印象に見せてくれます。

目元をはっきりと見せるのは、アイライナーやマスカラにお任せしてアイシャドウはミニマムに。それくらいの潔さが大人メイクの洗練度を高めるのだと思います。

指塗りかブラシ塗りかで仕上がりが変わるのも、クリームタイプの魅力です。

（右上から時計回りに）rms beauty アイポリッシュ ソーラー、ラッキー、ミス／アルファネット、オンブルクレームソロ 305／クレ・ド・ポー ボーテ

マスカラ

細めのブラシが、まつ毛を増やし元気に見せる

How to select

メイクもファッションも素敵なのに、まつ毛エクステが過剰な人を見ると、もったいないなと思います。まつ毛は、顔の中でも立体的なので、全身で見ても目に留まりやすいパーツ。目ぢからを出したいあまりに、ボリュームや長さを！と思いがちですが、まつ毛の効果は「元気に見せること」。

そのために大切なのが「根元を密集して上げること」です。

根元が濃密なだけでアイライン効果が生まれて、目元の印象が強くなり、さらに上向きなまつ毛は表情を元気に見せてくれます。私も普段はアイメイクはほとんどしませんが、会食のときなどはマスカラやビューラーは欠かせません。

写真のマスカラのような細いブラシは、まつ毛の根元に入れ込むことができるので、ビューラーなしでもまつ毛をリフトアップでき、目元を華やいで見せてくれます。

また、マスカラ液のつけすぎはパンダ目のもと。繊細なまつ毛をつくるのはもちろん、パンダ目防止のためにもマスカラが乾く前に、スクリューブラシでコーミングしてください。繊細でツヤのあるまつ毛はそれだけで上品な美しさを放ちます。

まつ毛の先まで気を使える女性は素敵だなと思います。
(右から) イプノ ミニ マキシ／ランコム、スクリューブラシ／私物

アイライナー

目元を優しく強く輝かす、こげ茶のペンシルライナー

How to select

まつ毛が「元気に見せる」役割を持つのに対し、アイラインは「目元をはっきり見せる」のが目的です。

ただ、やりすぎるとバランスが悪く見えてしまうこともあるので、アイライナーはこげ茶を選ぶのが大人の女性にはおすすめです。黒よりも柔らかな印象になり、ペンシルであれば、ぼかすことで温かみのある印象に仕上げることができます。

目元はとくにデリケートな場所。メイクによる摩擦がくすみの原因にもなりやすいので、アイライナーを選ぶときは、必ず柔らかめの芯を選ぶようにしてください。

何本か店頭で試してみると違いがわかると思います。

また最近は、ボルドーやモスグリーンなど、限りなく黒に近い深みのあるカラーライナーもたくさん発売されています。

ボルドーなど赤みのある色は色っぽい感じに、モスグリーンやカーキはちょっぴりカジュアルに、ネイビーはクールな印象に仕上がります。こげ茶のペンシルライナーと合わせて使ってみると、さり気ないおしゃれが楽しめますよ。

柔らかな芯のこげ茶のアイライナーは、まぶたに広めになじませて指でぼかせば、アイシャドウとしても使えるお得なアイテム。
（上から）エバーチェンジング ライナー S1／ブランエトワール、クレヨン コール ウォータープルーフ 02／ランコム、ケイト レアフィットジェルペンシル BR-2／カネボウ化粧品

アイライナー

自然な目ぢからを叶える、アイラインの引き方

How to use

アイラインに苦手意識を持っている方も多いようですね。難しく考えるのではなく、アイライン＝まつ毛を密集して見せるためのもの、ととらえてみましょう。

描くコツは、まつ毛の下から筆先を入れ、まつ毛の生え際の隙間を埋めるように線を引くこと。鏡を下に持ち、目線を下げるとまつ毛の根元が見えやすいはずです。無理に線にしようとせずに色を塗りつぶすような感覚で、小刻みにペン先を動かせば大丈夫。ペンシルを使うことで自然とぼかしたような柔らかな線を引けるので、きつい印象になることもありません。

また、まつ毛の生え際部分ですから、ところどころラインが引けていなかったとしても気にしなくてＯＫです。目頭は数ミリ空けるようにして入れると自然な目ぢからアップが叶います。

まつ毛の根元を埋めるこのアイラインテクニックは、30代後半という年齢だからこそ効果が実感できるもの！　メイクで変わる楽しさをぜひ味わってみてください。

アイラインは目のフレームをつくってくれるので、遠目で見たときの目のぱっちり感が劇的に変わるはずです。

リップ

基本のリップを選ぶなら、ツヤあり・明るいブラウンを

How to select

唇は女性らしさを表すパーツです。

大人になるほどに、唇そのものの色がくすんできたり、痩せてきたりするもの。口紅にはそれを補正し、女性らしい表情を引き立てる効果があるので、毎日のメイクには欠かせません。

リップを選ぶときには、まずは適度なツヤのあるものを。リップクリームのような感覚で手軽に使うことができ、唇が主役になりすぎることなく、顔全体をいきいきと見せてくれます。

1色選ぶなら、明るいブラウンがおすすめです。

ブラウンといっても色味は幅広いですが、オレンジ味を帯びたベージュやブラウン系の色で、肌が明るく見えるものを手に取ってみてください。コーラルベージュやコーラルブラウンと表現する場合もあると思います。

気に入った1本や、つけていて褒められる1本に出会ったら、あなたの定番リップにしてしまうのも素敵だと思います。

好きなブランドの中から表情が映えるブラウンを見つけてみるのもおすすめです。

（右から）ルージュ ヴォリュプテ シャイン 79／イヴ・サンローラン・ボーテ、ルージュ ディオール 426／パルファン・クリスチャン・ディオール、セルヴォーク ディグニファイド リップス 10／セルヴォーク

色を上手に使えば、シミや疲れ顔もカバーできる

38歳にもなれば、多少のシミやしわは誰にでもあるもの。

消したい気持ちはわかりますが、カバーしたり消すことに必要以上に時間をかけてしまうのはもったいない。それに、がんばってカバーしようとするあまり、その部分だけ厚塗りになって目立ってしまうことも……。

それよりも、ベースメイクは最小限にとどめ、リップやアイメイクにポイントをつくってみてはどうでしょう。

鮮やかな色であればあるほど、人の視線はそこに集まりますし、顔の中の小さなシミやしわなんて、意外と人は気にしていないものです。

コンシーラーは？と思われる方もいると思いますが、美容に精通している美容ライターさんなども「コンシーラーの使い方がわからない」というほどに、コンシーラーは実はテクニックが必要なアイテムです。

ですから、日常的なメイクのときには、下地とファンデーションで隠しきれないものは、あえて隠そうとしない！　それくらいの潔さがあってもいいのだと思います。

リップやアイメイクのほか、ジュエリーも目線を散らすのに役立ってくれるアイテム。肌悩みが気になるときほど、おしゃれに時間をかけたいですね。

プロのような薄づき肌を叶える、メイクブラシ

日本には世界からも注目されるブラシの老舗があるのをご存じですか？　広島の熊野筆などは、海外ブランドも生産を依頼するほどの老舗のブラシメーカーです。せっかく日本に住んでいるのですから、メイクブラシを使わないなんてもったいない！　そう思いませんか？

良いブラシは、メイクの完成度を格段にランクアップしてくれます。ブラシを使えば少量のコスメでも肌によくなじみ、その分、メイクにかける時間も短くてすむのです。慌ただしい朝、薄づきメイクが大事な世代だからこそ、ぜひブラシを毎日のメイクに使ってみてください。

基本として持っておきたいのは、大きめのチークブラシ、アイブロウブラシ、コンシーラーブラシ、リップブラシの4本。職人によってつくられたブラシは、肌あたりも良く、それだけでメイクするのが楽しくなるアイテムだと思います。

チークブラシやフェイスブラシなど大きめのものは、しっかりメンテナンスすれば、10年は持つアイテムです。毎年自分へのプレゼントに1本ずつ増やしてもいいですね。

最近のお気に入りは、熊野の職人による肌あたりが良く、デザイン性が高いSHAQUDAのブラシ。ブラシ専用台やクリーナーなどもあるので、ブラシのメンテナンスや整理整頓までできますよ。

ブラシ各種／私物

メイクの仕上がりを左右する、スポンジと綿棒

　ここまで読んでくださった方は、大人メイクで大切なのは、ちょっとした工夫やひと手間だと気づかれたかと思います。

　とくに「塗ったらぼかす」というワンステップは、自然なメイクにするだけでなく、この年齢こその清潔感あるメイクに欠かせません。

　とはいえ、10代、20代と習慣化してきたメイク方法を変えるのはなかなか難しいものです。

　そこで、メイクツールの一部として、洗面台やメイクドレッサー、ポーチの中に綿棒とスポンジをセットしてみるのはどうでしょう。私も仕事場では、スキンケアからファンデーション、リップ、アイシャドウ、パフやスポンジなどの道具にいたるまで、すべてのアイテムをメイクルームに並べてモデルの方を迎えます。

　使うとき、使う場所にモノがある、そんな環境は時短にもつながり、「ぼかすの忘れそうだった！」と気づくきっかけになるような気がします。

チークやアイシャドウなどを塗りすぎてしまった場合も、ぼかしテクは使えます。立体感のあるスポンジが使いやすくておすすめです。

ポーチの中身は、クッションファンデ、綿棒、リップの3セット

小鼻周りや額など、ヨレたファンデーションは、大人にとって大敵です。せっかくおしゃれをしていても、清潔感がなく見えてしまい、とてももったいない。気づいたらすぐにリタッチしましょう。

クッションファンデーションはここ数年、さまざまなブランドから登場していますが、手軽にツヤ肌に整えてくれるので、メイク直しにおすすめです。

私も外出するときには、ポーチの中に必ず入れておくアイテムです。

メイク直しのときは、ベースのヨレをティッシュオフし、崩れた部分にだけクッションファンデーションを叩くようになじませるだけ。

マスカラやアイラインなど目周りのにじみは綿棒でオフし、ファンデを重ねましょう。仕上げにリップを塗りなおす程度で、メイクしたての肌にリセットできます。

最近はバッグも小さくミニマムなのがおしゃれ。ポーチの中も軽量化するといいかもしれません。

クッションファンデはスタンプを押すようにポンポンと塗るとツヤ肌に仕上がります。

(右から) アンクル ド ポー ルクッション SPF23・PA++ 全7色／イヴ・サンローラン・ボーテ、セルヴォーク ディグニファイド リップス 20／セルヴォーク、綿棒／私物

ツールのメンテナンスもメイクのうち

メイク道具、きちんとお手入れしていますか？

実は、メイクの仕上がりを左右するのが、メイク道具のメンテナンス。とくにブラシは、お手入れせずに使い続けると、それだけでコスメの色がきれいにのらない原因に。せっかくメイクしても、効果が半減するのは、もったいないですよね。

メンテナンスの方法はツールごとにいろいろあります。

パフやスポンジは石けんで洗うのが一番効率がいいような気がします。

また、天然毛ブラシはデリケートなので、専用のクリーナーだと安心ですが、シャンプー&リンスでもお手入れできます。洗面器などにぬるま湯をはり、ブラシを振ってシャンプーし、仕上げにリンスで毛並みを整えます。あとは、ティッシュでギュッと押さえて、ブラシを置くだけ。スポンジやパフなどベースメイクツールは、使い捨てのものや同じものを複数揃え、ローテーションして使うのがおすすめですし、ブラシはメイク後にティッシュの上で余分な粉をオフする習慣をつけると長持ちします。

清潔なツールがきれいなメイクをつくる……忘れないでくださいね。

白いスポンジは汚れ具合がわかりやすいので、メンテナンス頻度が高まります。
（右）タマゴスポンジ／ブランエトワール（左）スポンジクリーナー N 198 120mℓ／資生堂

column_1

必要なインナーケアがわかる、血液検査

最近、友人と会うと話題はいつも美容のこと。

とくに、自分を知るということがやっぱり大切だよね、という話になります。

そんな中で、自分を知るためのひとつの手段として、先日、遅延型アレルギー検査をしてきました。これまで食べ続けてきた食材の中で、自分には何が合わないのかを知る血液検査です。

やってみた結果思ったのは、「どうしてもっと早くやらなかったんだろう」ということ。メイクもいろんな挑戦をしてきたし、肌質もわかってきているのに、体の中のことはわかっていなかったのですよね。だけどそれが一番きれいになる近道だったりもするんです。

最近はSNSなどでいろんな情報が発信されているので、いいと言われると、ついあれもこれも試してみたくなってしまうものです。そんな時代だからこそ、血液検査をやってみるのもいいかもしれません。

column_2

深呼吸は、内面からのきれいを叶える朝の儀式

ヨガを定期的にやっていますが、そこで教わるのが呼吸の大切さです。

鼻から吸って鼻から吐くという呼吸を繰り返すと、気分が落ち着いたりポーズが深まったりします。日頃から気にかけているはずなのに、先日、別のメイクさんと話していて、メイクをしている間は、息を止めてしまっていることが多いということに気づきました。

とくにマスカラとかアイライン、口紅など、細かい部分にまで気を配るパーツメイクのときに息が止まってしまいがち。緊張を感じるときは自然とそうなってしまうのですよね……。

だからこそ、朝と夜の1日2回くらいはじっくり呼吸を意識したいなと思っています。朝は、目が覚めてからベッドに入ったままゆっくり呼吸するだけで、お腹がぐるぐる動き出すのがわかるほどです。呼吸みたいに、ふだん無意識にしていることに目を向けてみること。きれいのタネは日常に転がっていると思います。

Part 3

色を使いこなせば、いつも素敵な自分に

大人こそ、色の力を借りるだけで
メイクがもっとおしゃれになるものです。
たった1色で表情が
華やかに変わる色の魔法、
ぜひ、楽しんでください。

木曜日からは色の力を借りたメイクを

1週間も後半にさしかかると、なんとなく顔にも疲れが出てきてしまいますよね。そんなときは、赤リップの力を借りてみませんか？

ビビッドな赤は、表情そのものを華やかに見せるだけでなく、肌の白さを際立たせる効果があります。全体的なくすみや疲れが肌に出ているときこそ、使わないともったいないアイテムです。

ファッションの撮影では、写真のようなベーシックなファッションに赤リップを組み合わせる場合がよくあります。デニムを履いたシンプルなコーディネートや、カジュアルなミリタリーアイテムもおしゃれに見せてくれそうです。もちろん、パーティーなどの華やかなシーンにも、気後れせずにつけていけるのが赤リップの魅力。指でぽんぽんと押さえたらカジュアルにも見えます。どこかにワンポイント、ビビッドな色を取り入れれば、元気な顔に。

大人の女性は、木曜日に赤リップ。そんなフレーズが合言葉になるといいなと思います。

ベーシックな服をメイクの力でおしゃれに着こなせる女性は素敵です。
トレンチコート、デニム、イヤリング／すべてスタイリスト私物

リップ

赤、ベージュ、ピンク、ブラウンの4色で印象チェンジは自在

How to select

手軽にイメージを変えるのなら、リップが断然おすすめです。

1日の中で使い分けるだけでも、気分転換やイメージチェンジにつながります。

コスメカウンターにいくと、さまざまな色があって、どれがいいのか目移りしてしまう人も多いかもしれませんね。

大人の女性におすすめしたいのは赤、ベージュ、ピンク、ブラウンの4色。この4色を押さえれば毎日のメイクの幅がグッと広がります。

華やかに見せたいときには赤リップが効果的。ベージュは大人っぽい印象に仕上がるので、オフィスにつけていくのもいいですね！　ピンクは華やかさが加わるので、気分や表情を明るくしたいときに。ブラウンはモードな雰囲気によく合います。

それぞれのリップの選び方や使い方は、このあとくわしくご紹介します。

リップを変えるだけで印象がガラッと変わるので、アクセサリーのように使いこなしてみてください。

上から赤、ベージュ、ピンク、ブラウンの4色です。ペンシルタイプ（赤）やとろける感触のリキッドタイプ（ピンク）などテクスチャーの異なるものを選んでみてもいいですね。

（上から）ベルベットマットリップペンシル 2457N／NARS JAPAN、rms beauty リップスティック ブレスレス／アルファネット、ルージュルミヌ 6／クレ・ド・ポー ボーテ、セルヴォーク ディグニファイド リップス 10／セルヴォーク

リップ

洗練された印象には、セミマットなブラウン

How to use

一気におしゃれ度が高まるブラウンリップは、オフィスでも浮かずにつけこなせる洗練カラーです。

アイメイクがシンプルでも、さっと塗るだけで華やかさと知的な印象が加わるので、ポーチの中に常備しておいて、仕事終わりのディナーなどにつけて行くのもおすすめですね。1年を通じて使いやすい色なので、定番リップとしても。

色選びのポイントは、赤みやオレンジみを帯びていること。シーンを問わずに使えます。

ベーシックな色なので質感は問いませんが、セミマットなものを選ぶと、トレンド感ときちんとした印象が両立できると思います。ツヤが出すぎてしまったなと思ったときは、スポンジで軽く叩くとマットな質感に簡単にチェンジできますよ。

ご紹介する4色の中では赤に次いで華やかな色なので、リップのはみ出しやヨレは清潔感ダウンの原因に。リップブラシを使ったり、直塗りしたあとはしっかり輪郭を綿棒などで整えましょう。

Brown

リップだけで大人っぽい印象が際立つのがブラウンの魅力です。
トップス／スタイリスト私物

リップ

センスの良さを高めてくれる、ツヤのベージュ

How to use

ベージュのリップは顔色が悪く見える……。多くの人がそう感じて避けているようですが、ベージュは上品さやセンスの良さを高めてくれる色。おしゃれがマンネリになってきたときなどに役立つので、ぜひ自分の1本を見つけたいカラーです。

ちょっぴり赤みのあるものを選べば、ベージュ特有の「顔色が悪く見えてしまった」という失敗がないはず。いくつか試してみた中で2～3本に絞ったら、一番赤みの強いものを選んでみてください。

肌になじむ色なので、質感によって遊べるのもベージュのおもしろさです。ソフトマットな口紅タイプを選べば、写真のようにどこかアンニュイで色っぽい雰囲気になりますし、リキッドルージュやグロスを選べばピュアな印象が高まります（135ページ参照）。

最初の1本なら、リップクリームと組み合わせたり、上から透明グロスを重ねて質感チェンジを楽しめるソフトマットな口紅タイプ（105ページ）がおすすめです。

Beige

前ページと同じメイクですが、ベージュリップになっただけでアンニュイな雰囲気に。

リップ

おしゃれ上級者に見せる、ツヤのソフトピンク

How to use

4本のリップの中でも、ピンクはすでに何本か持っている人も多いのではないでしょうか。ベーシックな色なので、正直、無難な印象になりやすいという側面も持っています。

30代後半以降の方であれば、迷わずソフトピンクを選んでください。彩度の高い明るめのピンクです。白の割合が高く肌のトーンを引き上げるので、くすみやすい大人の肌にこそぴったりです。

ピンクの中では少し上級者向けなので、ツヤッと発色する1本を選ぶとおしゃれにつけこなせます。

とろける質感のものや、リキッドルージュがおすすめです。

ただし、ピンクという色の持つ特性上、可愛らしい印象が高まります。アイラインを引いたり、ベージュのチークとコーディネートするなどして、メイクの中に「締め」のポイントをつくるとバランスよくまとまりますよ。

Pink

ほかの3色に比べて可愛らしさや肌の透明感が際立つのがピンクリップの魅力です。

リップ

華やかさ、女性らしさを高めるソフトマットの赤

How to use

なかなか使いこなすのが難しいと思われがちな赤リップ。

「赤」という色は、一歩間違うと、派手とかケバい、などのマイナスイメージを抱かせやすい面も持っています。そのマイナス印象を左右するのが、質感です。

大人が赤リップを手に入れるのなら、ソフトマットな質感をおすすめします。

エナメルのようなツヤのグロスは、大人が日常的に使う赤リップとしてはモードになりすぎてしまう気がします。ツヤを一切排除したマットな赤も、赤みが強くなり、キツく見えたりしてしまう可能性が……。

ソフトマットのほか、シルキーマットやベルベットなどと謳っているものが、ちょうどその中間でおすすめです。

シルクのような上品なツヤがあるので、結婚式などの華やかなシーンにもフィットしますし、１０３ページのようなトレンチコート＆デニムなどの王道ファッションと合わせれば、洗練された大人のスタイルが完成します。

Red

クレヨンで輪郭をきっちり取ることでより洗練された赤リップメイクに。

トップス／スタイリスト私物

アイシャドウ

おしゃれ度が増す、まぶた広めのビビッドカラー

How to use

気になっていたお店へ食事に出かけるときや、女友だちと会うときなど、思い切りおしゃれを楽しみたい！と思うことありますよね。そんな日にはぜひ、メイク全体を華やかに見せてくれるアイシャドウを主役にしてみませんか？

おすすめなのは、ビビッドピンクやオレンジなどのビタミンカラー。

1色まぶたに指で塗るだけで、一気にトレンド感あるメイクに変わるので、ぜひトライしてみてください。

アイシャドウではハードルが高いかな、と思う方は目尻にカラーラインを引くだけでも素敵ですね。

主役は目元に譲り、ほかの部分の色は控えめに、がセンス良くつけこなすコツです。ツヤのあるベージュのリップやチークを組み合わせると、シックでどんな洋服にも合わせやすいと思います。

年齢を重ねてなお、色を臆せず使える人は最高にチャーミング！　そんな女性を目指したいですね。

鮮やかなフューシャピンクのアイシャドウをまぶたにひと塗り。ピンクチークをうっすらなじませリップはベージュ。明るい目元はグレーや黒など、ダークトーンになりがちな冬のファッションとも相性抜群です。

トップス／スタイリスト私物

新色こそ、手軽にトレンド顔になれる大人の味方

デパートのコスメカウンター。20代の頃はよく行っていたけど、今は忙しいし、なかなか行く機会がない……。そんな声をよく耳にしますが、大人こそ季節の変わり目には、コスメカウンターを訪れてほしいなと思います。

コスメには春夏と秋冬、1年の中でふたつの大きなシーズン展開があります。ちょうど1～2月にかけてが春夏新色、8月くらいから秋冬の新色が店頭に並びます。なかでもメインカラーと言われる新色や限定色などは、各ブランド、ファッションや時代背景に合わせたイチオシの色や質感です。

そのシーズンのトレンドを色濃く打ち出したアイテムは、使うだけで今っぽくなれるアイテムと言っても過言ではありません。

とくに、メイクの主役になれるリップやアイカラーのほか、顔全体の印象を左右するファンデーションは、ひとつで一気に旬のメイクを叶えてくれます。

メイクに時間はかけられないけどおしゃれに見せたい！　そんなわがままに応えてくれる新色こそ、大人の強力な味方です。

海外の写真集や洋書などはメイクのイメージソースのひとつになります。みなさんも雑誌などで気になるメイクを見つけて、マネしてみるのもおすすめです。

Part 4

雰囲気美人に見せる、質感づかい

「あの人なんだか素敵！」
——そんなふうに思わせるのが、
ツヤなどのメイクの質感です。
基本メイクにプラスするだけで、
洗練されて見える
質感コントロールをお伝えします。

チーク

「なんだか素敵」を叶えるピンク、ベージュ、オレンジの3色

How to select

「今日はいつもと雰囲気が違うね」

基本のメイクは同じでも、チークの色を使い分けることで、そんな効果が期待できます。

チークはメイクの中では主役ではなく脇役の存在。けれども、全体に漂う雰囲気を左右するので、大人にとっては欠かせません。ピンク、ベージュ、オレンジの3色を持っておくとバリエーションあるメイクが楽しめます。

ピンクは肌の透明感を引き立てるので、ベーシックなメイクやチャーミングな雰囲気を出したいとき、女性らしいフェミニンさが足りないなというときにおすすめです。

ベージュは、凛とした雰囲気に仕上がるので、ボーダーなどのカジュアルなファッションをおしゃれに見せてくれるほか、肌ツヤを引き立たせます。

オレンジはヘルシーな印象が高まるので、元気に見せたいときや、オフの日などにおすすめです。どの色も選ぶときには、必ずツヤ感があるかどうかをチェックしてくださいね。ツヤ感があるものを選べば、潤い肌に見えますよ。

上からベージュ、オレンジ、ピンク。ベージュのチークは明るめの色を選びましょう。

(上から) サンウォッシュディフュージングブロンザー 5167 ／NARS JAPAN 、ルナソル カラーリング シアーチークス 05／カネボウ化粧品、ブラッシュ カラー インフュージョン 01 ／ローラ メルシエ

チーク

肌の疲れをカモフラージュするピンクチークのグラデーション

How to use

ピンクのチークはピュアさや肌の透明感を高めてくれるので、疲れているなと感じるときにも活躍してくれる万能カラーです。

選ぶときには、パール感のあるパウダーかリキッドやクリームなど、みずみずしさが表現できるものを選びましょう。

62ページでお話ししたように、頬骨に沿った横広のオーバル型を基本にしつつ、元気がほしいときには、頬骨のトップにだけ重ね塗りすると、ハッピーな雰囲気が高まります。

また、大きめのチークブラシを使い、頬のトップから円を描くようになじませると自然なグラデーションになり、女性らしい華やかさが生まれます。初めての人に会うときなどにおすすめの方法です。

チークは入れ方によっても印象をコントロールできるメイクです。同じ色でも入れ方を変えて雰囲気の違いを楽しんでみるのもおすすめです。

Pink

肌全体が明るく見えるので、ピンクは大人こそ使いこなしたい色です。
トップス／スタイリスト私物

チーク

ワンランク上のロースキンに整えるベージュ

How to use

かっこよく見せたいときや、顔全体のメリハリ感を高めたいとき、肌に色っぽさがほしいときに有効なのがベージュのチークです。

アイテム選びの際には、マットな質感ではなくパール感のあるものがマストです。シェーディングと混同しやすいのですが、チークとして使うのは明るめのベージュ。色の濃いものはＮＧです。

入れるときは、鏡を見て口をすぼめ、頬がへこむキワの部分にふんわりとなじませてみてください。へこみ始めるトップの部分です。くれぐれも頬がキュッとすぼまっている部分ではありませんよ！　へこみ始める一番最初の部分になじませることで、ハイライトを際立たせ、肌全体をふっくらと見せてくれる効果があります。「顔が痩せてきたかも」なんて人にもおすすめです。

ベージュチークを使うときには、ハイライトもいつもよりしっかりめになじませてみてください。クリームハイライターのような、オイルリッチなツヤを合わせるのもいいですね。ふっくら感とツヤが合わさり、洗練されたヌードな肌が叶います。

Beige

チーク以外のメイクは前ページと同じ。ベージュのチークはピンクよりも気持ち広めになじませて。

チーク

親しみやすさには、オレンジのチークを横広に

How to use

オレンジ色のチークが演出してくれるのは、健康的でハツラッとしたイメージと、親しみやすいヘルシーさです。

ビビッドなオレンジではなく、レンガのような落ち着いた色味であること、ふんわりと色がのるパウダーチークを選ぶと失敗しません。

オレンジ色が持つヘルシーな印象を最大限に生かすなら、頬骨よりもほんの数ミリ内側まで下まぶたのカーブに合わせたビーンズ型になじませてみてください。

日焼けしたようなフレッシュな印象が高まるので、バカンス先でのメイクだったり、スポーティーなファッションとも相性がいいと思います。

また、チークをおしゃれにつけこなすポイントは、リップとの相性です。

オレンジ色は3つのチークの中でもトレンド感の強い色なので、リップを合わせるときはベージュやブラウンなど同系色のものを選ぶとセンス良くハマります。

Orange

顔の中央くらいまで広めに塗り広げると、日焼けしたようなフレッシュな仕上がりに。

ファンデーション

さり気ないのに効果的。ツヤとマットの肌質チェンジ

How to select

肌は顔の中で面積の広いパーツなので、見た目の印象を大きく左右します。ベーシックなツヤ肌をマスターしたら、時にはファンデーションを変えて肌の質感でおしゃれを楽しむのも、大人の女性には取り入れてほしいテクニックです。

とくにここ1~2年は、マットな質感がトレンドなので、シーンや気分によってマットファンデーションを取り入れてみるのもいいでしょう。

私自身も、撮影の現場では、ブラックジャケットのようなマニッシュな衣装のときや、端正な雰囲気を表現したい場合は、あえてマットなファンデーションを使って肌を仕上げることがあります。また、慶事の際のベースメイクとして使ったり、着物に合わせると落ち着いた雰囲気になり品の良さが際立つと思います。

ただし、ツヤは30代後半の肌を美しく見せるために欠かせない要素です。マットの質感ですべてを整えるのはNG。頬骨周りにだけツヤのあるファンデーションを使ったり、リップやアイシャドウはマットを選ばないなど、バランスを調整してみてください。トレンド感とみずみずしさが同居した、ナチュラルな肌に仕上がります。

アンプリチュード（上）はブラシで塗ることで一層ツヤっぽく。ディオール（下）は品のあるツヤが宿るマットタイプ。

（上）トランスルーセント エマルジョンファンデーション SPF22・PA++ 全10色／アンプリチュード（下）ディオールスキン フォーエヴァー フルイド マット SPF35・PA+++ 全8色／パルファン・クリスチャン・ディオール

Grow

Matt

シンプルなおしゃれが際立つワントーンメイク

左の写真は、アイシャドウ、チーク、リップすべてをベージュで統一したメイク。赤みを削ぎ落としてメイクすることで、ジュエリーの輝きが際立って見えたり、三つ編みヘアやボーダーといった一見するとカジュアル要素の強いコーディネートが、大人っぽくシックに見えてきます。

とくに顔周りに近いピアスやリングは、メイクの一部として考えたいおしゃれ。色を使わずヌーディーに仕上げたメイクは、ジュエリーの輝きを際立たせてくれるので、アクセサリーを活かしたいときは、ぜひベージュのメイクを合わせてみてください。ジュエリーの輝きが増すはずです。

トータルメイクの考え方としては、大人のメイクを華やかに見せるリップかアイシャドウ、パーツのどちらかに鮮やかな色を使えば、メイクの印象を簡単に決まります。けれども30代後半からはぜひ、ファッションとのバランスを意識した、ワントーンメイクにも挑戦してほしいなと思います。

使用したのは、ここまででご紹介したベージュのチーク（123ページ）、ベージュのリップ（93ページ）、ベージュのアイシャドウ（77ページ右上）。組み合わせ次第で広がるメイクのバリエーションは、おしゃれの幅も広げてくれます。

トップス、ピアス、リング／すべてスタイリスト私物

クール×フレッシュ。
印象の違う要素をミックスさせて

メイクでおしゃれをつくるカギは、各パーツの雰囲気のかけ合わせ方だと思います。たとえば質感。全体がマットな質感だと、かっこいいのですが、やりすぎると近寄りがたい印象になってしまうことも。ツヤや可愛く見える色など、「フェミニン要素」を組み合わせることで、親しみやすさとかっこよさが両立します。

左ページの写真は、肌はセミマット、オレンジのチークとブラウンのリップを組み合わせることで、落ち着きのある大人のヘルシーメイクに仕上げています。ほかにも空気感のあるヘアやフェミニン印象のトップスなど、顔周りに女性らしい柔らかさを入れているのも、セミマットな肌をクールに見せないためのテクニックです。

メイクは顔だけで完結するものではありません。

ヘアやファッション、アクセサリーなど全体のバランスを見て調整するもの。

メイクで冒険するときは、ファッションやヘアスタイルをシンプルに削ぎ落としていってもいいのです。もちろんその反対も。

明日のメイクはぜひ、ファッションとのコーディネートを楽しんでみてください。

131ページ下のファンデーションで肌を
整え、オレンジのチーク（123ページ）
を頬全体にふんわりのせ、ブラウンリッ
プ（105ページ）を合わせています。
また、女性らしさを出すため、眉を整え
たあと、ぼかすのも大切です。

リップ

指塗り、直塗り、ブラシ塗り。塗り方で印象は変わる

How to use

色をチェンジして印象を変えるだけでなく、塗り方次第で仕上がりの印象を変えることができるのが、メイクのおもしろさ。とくにリップはその差が出やすいパーツ。

いつものカラーをちがう塗り方で使ってみませんか？

カジュアルな雰囲気に仕上げたいときには、指に口紅を取り塗ってみてください。輪郭がぼやけ、唇そのものがじわっとにじむような印象になります。

赤やブラウンレッドなどのビビッドな色に自信がない人は、まずは指塗りから始めてみるのもおすすめです。

きちんとした シーンや、清楚な雰囲気に見せたいときには、リップブラシを使ってメイクしましょう。輪郭をしっかりとって、中をブラシで塗りつぶすようにすれば、凛とした印象が際立ちます。赤やベージュのリップなどは、ブラシで塗るとかっこいい雰囲気に仕上がります。1日の中でもひとつのリップの塗り方を変えて楽しむのもおすすめです。この方法はリップだけでなく、チークやアイシャドウにも応用できるので、覚えておくと便利です。

（上）指塗りのときは、なじませたりトントンするだけでも印象が変わります。（中）直塗りのときは、写真のように唇をすぼませるとにじむように、唇を広げて塗ると発色よく色づきます。（下）輪郭を縁取ってブラシで塗ると、端正な口元に。

眉

眉尻を整えてセンスの良い顔に

How to use

長い眉はエレガントな雰囲気に見えたり、角度のついた眉はシャープな印象に見えたりと、眉尻には品の良さが出ると思います。

私が仕事でメイクをするときは、正面からだけでなく横や斜めから撮影される場合も考えて、眉尻のメイクにはとくに注意を払っています。

あなたも、仕事で新しい人と会うときなど知的な印象を高めたいときは、ぜひここでお伝えする方法を取り入れてみてください。

眉全体を整えたあと、眉山から眉尻にかけての縁を、コンシーラーで整えると、産毛などの細かい毛がきれいに消えて、眉尻がキリッとするはずです。コンシーラーと肌との境目を最後にぼかすのも忘れずに！

この方法は、眉山が強く出すぎてしまう場合や、どんな眉が似合うのかシミュレーションしたいときにも有効です。手軽に眉の形をコントロールできますし、遠くから見たときの印象がグッと引き締まります。ぜひトライしてみてください。

コンシーラーブラシの縁を使うようにして、眉の輪郭を整えるだけです。とくに産毛の多い上側を補正するとエレガントな印象が高まります。

Part 5

大人の肌悩みは、メイクの力で解決できる

シミやしわなど年々増える肌悩みも、
メイクでカモフラージュできるもの。
今、習得しておけば、
年齢を重ねても使える
テクニックを集めました。

シミ・ニキビ跡

気になるシミには、ファンデ色・コンシーラー

薄いシミやニキビ跡であれば、下地とファンデーションだけである程度はカバーできますが、それでも気になる!ということもありますよね。

そんなときは、コンシーラーの力を借りましょう。

シミやニキビ跡など、色素沈着に使うのは「ファンデーションと同じ色」のコンシーラーです。左ページに紹介しているアイテムのように、筆ペンタイプやチップタイプを選ぶとピンポイントで使えて便利です。

ファンデーションと同じ色を選ぶことで、自然とカバーできるのです。

使うタイミングは、ファンデーションを塗っても消えなかったとき。

シミやニキビ跡のうえに重ねて、ファンデーションとの境目をぼかすだけです。

ぼかしには綿棒を使うのがおすすめです。

うっすらとしたクマもこの方法でカバーすることができるので、ぜひ試してみてください。

筆ペンタイプのコンシーラーは、部分ファンデーションとしても使えるので、ポーチに入れておくとメイク直しにも活躍します。

（上）スーパーベーシック リクイドコンシーラー N SPF30・PA++全3色／RMK Division（下）アドバンスド スムージング コンシーラー 全5色／THREE

クマ・ニキビ

目の下のクマには、固めコンシーラーを指塗りで

目の下のクマは、顔の中心で目立つ部分のため、カバーするのが難しいと思っている方も多いようですが、実はアイテム選びさえ間違えなければ簡単です。

選ぶのは、写真のようなパレットタイプのコンシーラー。クリームタイプで固めのテクスチャーのため、肌にピタッと密着しヨレにくいのが特徴です。

色は前ページのシミ隠し用と同じように、ファンデーションと同じ色。

目元はデリケートで摩擦によりくすみを起こしやすいパーツなので、指の腹を使い、優しくスタンプを押すようにコンシーラーをクマの上からなじませます。

使うのは、力の入りづらい薬指がおすすめです。

クマ全体がカバーできたら、きれいなスポンジで全体をなじませます。

このとき、頬骨の上くらいまでコンシーラーを伸ばすようなイメージでなじませていくとハイライト効果も生まれ、目元全体の印象が明るくなります。

ハイライトやチークと合わせてメイクすれば、クマなんて気にならないイキイキとした顔に仕上がるはずです。ぜひ取り入れてみてください。

多色入りのパレットタイプは色をミックスさせることでさまざまな肌悩みのカバーに最適です。
（上）スーパーベーシック コンシーラーパクト SPF28・PA++ 全2種／RMK Division（下）シークレットコンシーラー 3／ローラ メルシエ

テカリ、メイク崩れ

プレストパウダーを、スポンジでピンポイントに

大人のベースメイクは、ツヤを大切にしたいものです。とは言え、38歳という年齢にとって、テカリは老けて見られてしまうかどうかの境界線。清潔感を損なうので、1日中外にいる日や、生理の前後などで皮脂が浮きやすい日などは、パウダーの力を借りましょう。

パクトタイプのフェイスパウダーを眉の周りや、小鼻周りなど、ごく狭い範囲にピンポイントで使ってみてください。あくまでもピンポイントに！

というのも、先日撮影のメイクチェンジの際に、モデルさんのTゾーンにパウダーを塗ったところ「マットに変えた？」と聞かれてしまいました。パウダーというアイテムが持つ質感は、それだけ肌全体の印象を変えてしまうということです。

また、お粉タイプはブラシを使って、薄くつけてあげるといいと思います。アイテムの特徴を知っておくのも大人のメイクには大切です。

薄づきに仕上げるため、パウダーはブラシやパフではなく、スポンジを使って塗るのがおすすめです。

(右) シルクフィット フェイスパウダー 全3色／RMK Division (左) キャンドルグロウ パーフェクティングパウダー 2／ローラ メルシエ (下) クリームファンデーションスポンジ (2枚入)／クレ・ド・ポー ボーテ

毛穴の目立ち

ファンデーションの上から、パール下地を重ねて

30代に入ってから、急に頬の毛穴が目立ってきた……。そんな人も多いのではないでしょうか。

頬の毛穴は、年齢によるたるみが引き起こす「たるみ毛穴」です。

しっかりと保湿をしてベースメイクをすれば、目立たなくすることができますが、肌のコンディションが悪いと、ファンデーションをしても目立ってしまうことがよくあります。

そんなときには、「パール感のある化粧下地」（26、54ページを参照）をファンデーションの上から重ねてみてください。パール感がレフ板効果をもたらして、デコボコしたたるみ毛穴の部分だけをきれいに見えなくしてくれます。

下地はトントンと叩き込むようにのせるのがポイントです。塗るよりものせるという感覚で重ねましょう。この方法は、私も雑誌の撮影現場などでよく使っているテクニックなので、効果は抜群です。コンシーラーやファンデーションの重ね塗りは、余計に毛穴を目立たせる原因になることも多いので注意しましょう。

指の腹にパール下地を取り、トントンとするように重ねるだけ。ツヤも加わるので肌を明るく見せてくれる効果も期待できますよ。

痩せた唇

唇色のリップライナーで、ふっくらリップが完成

ふっくらしたリップは女性らしさの象徴でもありますが、年齢を重ねると、どうしても唇もやせてボリュームがなくなってくるものです。

リップメイクがトレンドの今だからこそ、唇の薄さをコンプレックスに感じている方も多いのではないでしょうか。

そんなとき、味方になってくれるのが、唇の色と同じカラーのリップライナーです。リップメイクをする前に、下唇のみ少しオーバーめに輪郭を取ってください。唇のぽってり感は下唇で表されるので、上唇はもとの輪郭を生かす形で構いません。あとは輪郭に合わせてリップを丁寧に塗るだけで、ふっくらとした厚みのあるリップメイクが完成します。

また、口紅が落ちやすかったり、唇のくすみが気になる場合は、口紅を塗る前にリップライナーで全体を塗りつぶしてください。リップベースの役割を果たしてくれるので、たとえ口紅が落ちてしまったとしても、血色感のいいリップで気分良く過ごすことができます。

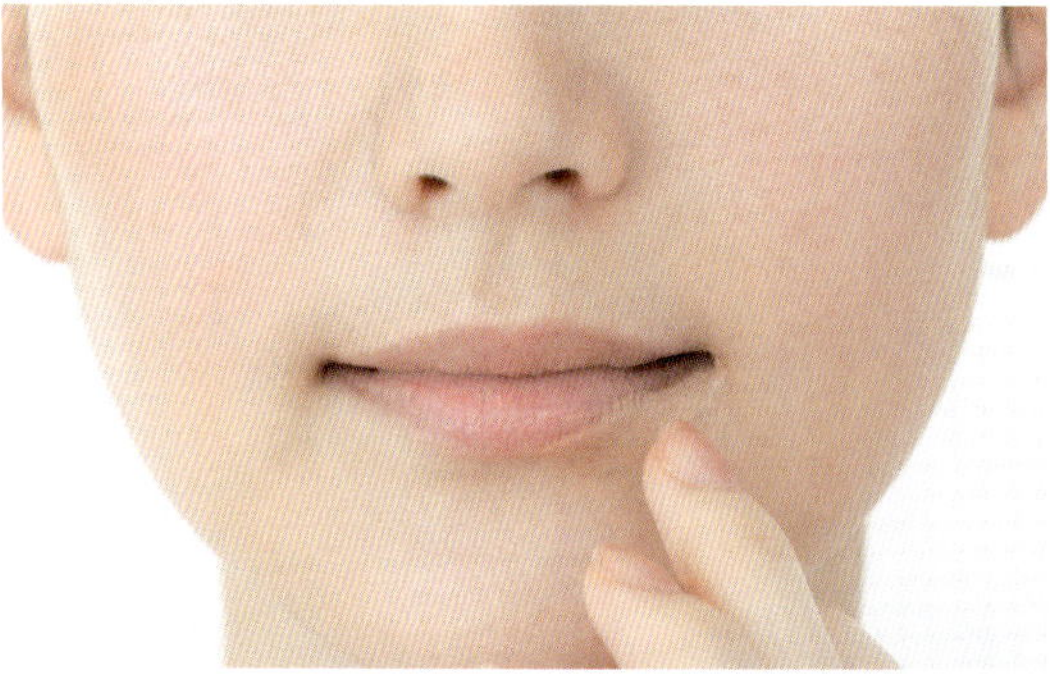

1

輪郭を取る前に、唇の端を筆ペンタイプのコンシーラーで消し、ぼやけた輪郭を整えます。

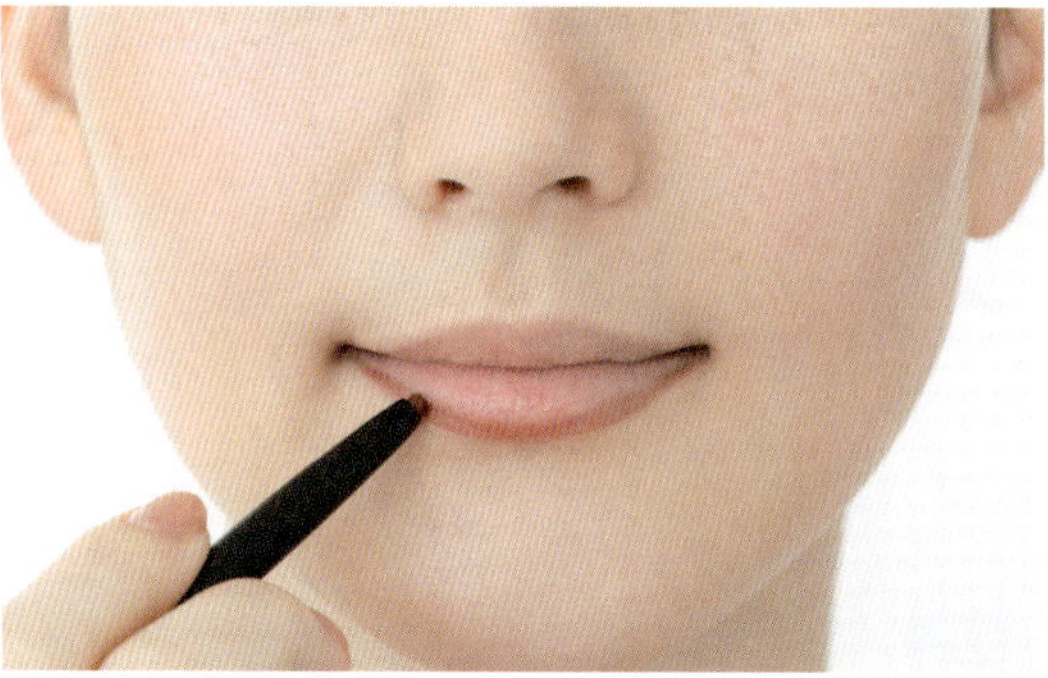

2

唇と同色のリップライナーで下唇をオーバー気味に縁取ります。ペン先1本分程度オーバー気味に縁取ると自然な仕上がりに。

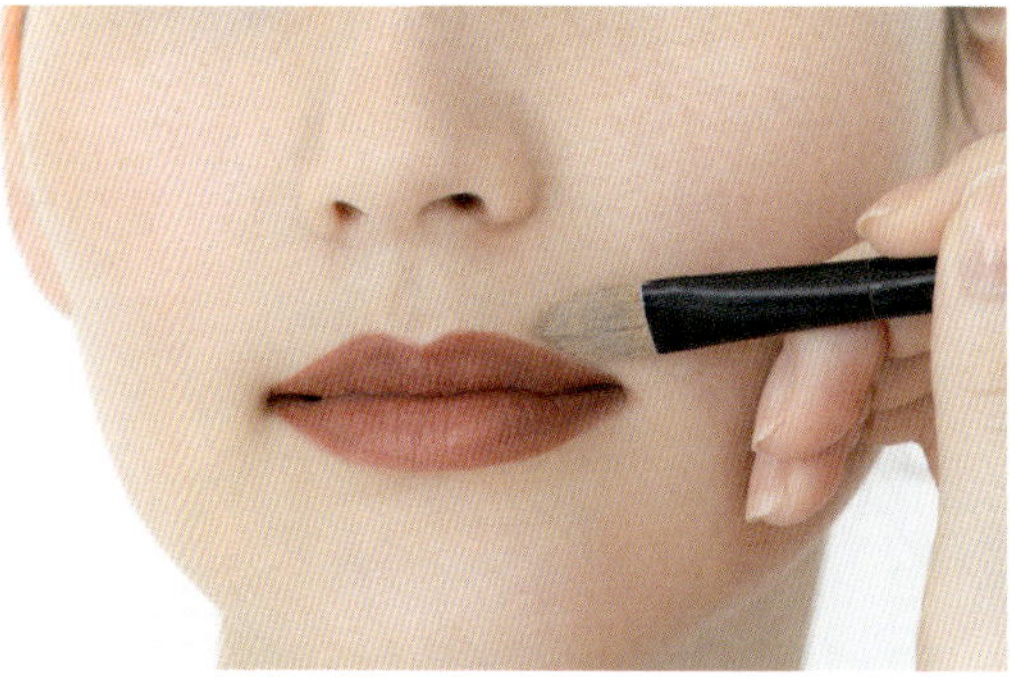

3

好みの口紅で全体を塗ったら、コンシーラーブラシで輪郭を整えれば、端正な唇に。

唇の荒れ

唇の皮むけは、ホットコットンでピーリングを

唇のボリュームダウンに次いで、よく遭遇するのが、荒れた唇です。

とくに1日に何度もメイクチェンジをしたりしていると、どんなにケアをしっかりしていても、クレンジングの摩擦などでモデルの方の唇がむけてきてしまうことがあります。みなさんも、真冬などは、どんなにお手入れしていても唇の皮がむけてしまうということもあるのではないでしょうか。

そんなときの応急処置方法が、ホットコットンによる唇リセットです。

お湯でコットンを濡らし、唇にそのまま当ててスチームパックをします。数分置いてコットンを外すと、唇の皮が浮いてきていると思います。それをリップクリームをつけた綿棒で優しくこするようにしてオフするだけ。上からリップクリームを塗って保湿するのも絶対に忘れずに。

ゴマージュしたような効果があり、すぐに口紅を塗るのは避けたいので、洗顔後などスキンケアのはじめに取り入れてみてください。

週末などのリップのスペシャルケアとしてもおすすめですよ。

印象の薄い目元

下まぶたの目尻側ラインで、ぱっちり目に

一重や奥二重で上まぶたのアイラインがうまく引けなかったり、まつ毛の毛量が少なかったりすると、目元に物足りなさを感じてしまうことがあります。

そういうときには、下まぶたにアイラインを引いてみましょう。

使うのは、上まぶたに使うこげ茶色か、黒のペンシルアイライナー。

選ぶときには芯が硬すぎないものを選んでください。そのほうが簡単で密着度が高くなります。

アイラインを引く範囲は、目尻から黒目の下あたりまで。下まつげの隙間を埋めるようなイメージで、点々を書くようにして線を引いていくだけです。

目頭のほうまでアイラインを入れると、わざとらしさが出てしまうので、大人は黒目あたりまでがベストです。そのあと綿棒で、描いた線をなぞるようにしてぼかすことが大事。下まつ毛の毛量が増えたように見え、目元全体のぱっちり感が高まります。

さらに下まつ毛にマスカラをつければ完璧です。

フレッシュな目元のメイクを楽しんでください。

EVER CHANGING LINER

column_3

困ったときに助けてくれる、鍼と美容クリニック

時にはプロの手を借りるのが、大人の賢い美容のあり方かなと思います。

とくに私は、フリーランスで働いているので、風邪をひいて仕事を休むということはまずできません。でも、早朝ロケや睡眠不足が続くこともよくあります。そんなときは、美容クリニックでビタミンC点滴をしたり、サプリメントを処方してもらってメンテナンスしています。もうひとつ、38歳くらいから通い続けているのが、月に1度の鍼治療。最初は肩こりをどうにかしたくて行き始めましたが、今では自律神経を整えるために通い続けています。

また、先日仕事をご一緒したスタイリストさんは、メイクに時間をかけたくないからと、眉をアートメイクされていました。すごくいいアイディアだなと思います。ストレスは美容にとって大敵です。できない部分はプロにお任せ！　……それくらいの割り切りが、大人のきれいには必要ですよね。

column_4

美容も食事も 3日単位で考えて

スキンケアもメイクもインナーケアも、続けて体に染み込ませることが一番のきれいの近道だと思いますが、そのためにも「できなかった」と落ち込みすぎないことも大事だなと思います。

とくに食事などは、食べすぎを後悔してしまったりすることが多いですが、私は3日くらいの単位で帳尻を合わせられればいいかなと思っています。今日は食べすぎたから、明日の夜はスープで軽めにすませよう、みたいに。

スキンケアも同じだと思います。毎日お手入れできるに越したことはありませんが、1日ぐらいさぼっても、次の日、ゆっくりお風呂につかって、クリームマスク（182ページ参照）をすれば大丈夫！　美しい人たちほど、意外とそれくらいの気楽さで美容に向き合っています。この仕事をしていると、日々本当にそう感じます。みなさんも、楽しく心地よく、自分らしく続けてくださいね。

Part 6

メイクの仕上がりを左右するスキンケア

明日の肌はもちろん、
5年先、10年先の肌をつくるのが
毎日のスキンケアです。
メイクノリはもちろん、
素肌に自信を持つためにも、
ぜひ取り入れてみてください。

時間をかけるだけで肌は変わる

10~50代まで幅広い世代の女性のメイクをしていますが、基本的にモデルの方たちに使うアイテムラインナップはさほど変わりません。

そのかわり、大人の方ほどメイク前のスキンケアに時間をかけています。

使う量や工程を増やす以上に、ひとつひとつのステップに時間をかけるのです。

たとえば化粧水。若いモデルの方は、手のひらで2~3秒ずつパッティングしていけば充分に艶っぽい潤い肌に整いますが、基本的にたっぷりの化粧水パックをのせます。その後、手になじむまでパッティング。

たったこれだけのことですが、メイクのノリが確実に変わります。

スキンケアというと、何を使うのかばかりに意識が向いてしまいがちですが、実は大切なのは使い方。大人のスキンケアの基本は、手のひら全体をぴったりと肌に密着させるようにしてなじませること。化粧水にかぎらず、乳液やクリームなども同じだと私は思います。丁寧に時間をかけてあげると、肌は必ず応えてくれます。

化粧水をたっぷり入れるための、プレ乳液と拭き取り化粧水

いつも使っている化粧水なのに、急に肌に浸透しなくなった、ということはありませんか？　紫外線を浴び続けたときや、寝不足が続いているときなどは、うまくスキンケアが肌に浸透しないことがあります。

みなさんご存じだと思いますが、どんな人でも年齢を重ねるうちに、肌の代謝スピードが徐々に落ちてきます。そうすると毎日しっかりスキンケアをしていても、ゴワついたり、よけいな皮脂が出てテカったりしてしまうのはよくあること。そういう肌には、化粧水の前に乳液や拭き取り化粧水によるプレケアを投入してみてください。

大人の肌は乾燥が気になる場合も多いので、油分の含まれた乳液のほうがおすすめですが、ベタつきが苦手な人は化粧水でも構いません。

洗顔後、コットンに乳液や化粧水を含ませて、顔全体を拭き取るだけです。

そのあとは、いつも通りに化粧水をたっぷり塗りましょう。

普段から潤いが足りないと感じている人は、化粧水前のプレアイテムをしばらく続けてみてもいいかもしれません。

さっぱりとした使い心地のローションタイプは、ベタつきやすい季節におすすめです。

クラリファイング ローション2 200mℓ／クリニーク

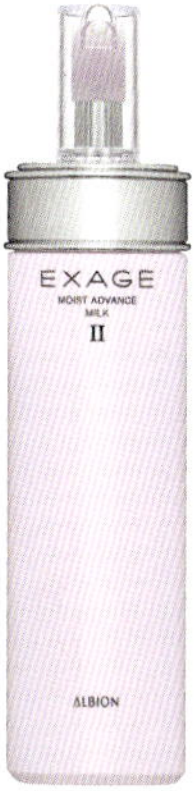

洗顔後、まず乳液がアルビオン流スキンケア。肌をほぐす効果に優れているので、使うほどに柔らかい肌に。

エクサージュ モイスト アドバンス ミルク II 200g／アルビオン

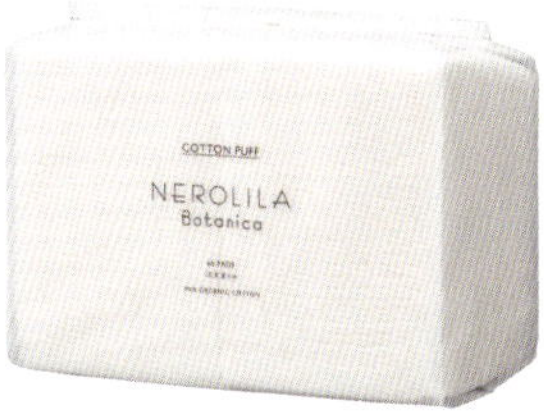

大判タイプのオーガニックコットンは、ローションパックに。拭き取りに使っても気持ちいいです。

ネロリラ ボタニカ コットンパフ 60枚入り／ビーバイ・イー

透明感ある肌に整えてくれる乳液タイプの拭き取りエッセンス。洗顔後に取り入れると柔らかな肌に。

雪肌精　クリア トリートメント エッセンス 140mℓ／コーセー

大人の化粧水は、パッティングと2回以上の重ねづけを

メイクの仕事をしていて実感していることですが、大人になるほど、化粧水は2回3回と重ねづけしないと、肌の奥まで浸透しません。どんなにコンディションのいい状態でも最低2度は重ねてほしいと思います。

化粧水はコットンで叩いて入れる派と、手でつけてパッティングする派があると思うのですが、手のほうが肌の状態を確認できるので、私は手で塗るほうをおすすめしています。

そして、どんなときでも必ずパッティングをしてなじませましょう。

ペチペチと叩くというよりは、手のひら全体でグッと押し込むようにするパッティングです。そうすることで肌の奥までしっかり入れ込むことができるのです。

以前、美容ライターさんに聞いた話ですが、スキンケアをなじませるときに肌を引っ張っていると、それがたるみを加速させてしまうのだそう。

そういう小さなクセも気にしていけるといいなと思います。

ホットタオル＋ローションパックでツヤのある肌に

デスクワークなどで肩がガチガチという人は、くすみが気になったり、肌が乾燥しやすかったりするのではないでしょうか。スキンケアアイテムの浸透は、顔周りの血流と大きくかかわっています。朝、どうしても顔色が冴えないときには、首の後ろをホットタオルなどで温めてみてください。

ホットタオルは、熱めのお湯にタオルの両端を浸し、全体を折って絞るだけです。もちろんレンジでつくったり、玄米カイロのようなものでも構いません。タオルを首からかけたままで、ローションパックをしてみると、5分ほど放置すれば顔色も良くなりますし、肌の色ツヤもアップしてきます。

肌のくすみは、メイクの力でカバーすることもできますが、大人にとって大切なのは、メイクが少量ですむためのケアをし続けることだなといつも思います。

肩こりや冷えは、体調を左右するだけでなく、美しさに大きくかかわってくる症状です。日頃からマッサージなどでほぐして、血行を促してあげることも大切です。

肌の調子がイマイチなときほど、名品コスメの力を借りる

やっぱり「名品」と言われるコスメは頼りになる。年齢を重ねて強くそう感じます。

仕事柄、いろいろな化粧品に触れますが、地方や海外出張に行くときなどは、環境が変わって肌のコンディションも乱れやすいので、いくつか名品と言われるクリームや美容液をスーツケースに入れるようにしています。

しかも使うときには、いつもよりもたっぷりと贅沢に使うことがほとんどです。

以前、友人と南の島に行ったとき、私が使う化粧水の量を見て驚かれたことがあるくらい（笑）。とくに日焼けしたときなどは、これでもか！というほどたっぷり贅沢に使いますし、それだけで肌の回復力が変わります。

雑誌などでも取り上げられることの多い「名品」コスメは、愛されるだけの結果を必ず出してくれます。

それに、使うことで気持ちに高揚感をもたらしてくれたり、「もっと丁寧にお手入れしよう」と前向きな気持ちにもさせてくれます。

30代後半の方におすすめのアイテムです。美容液やシートマスクは手持ちのコスメにプラスしても。

(右上) アドバンス ナイト リペア SR コンプレックス II 50mℓ／エスティ ローダー (右下) フェイシャル トリートメント エッセンス 160mℓ／SK-II (左上) AQMW　レプリションマスク　6枚入×20mℓ／コスメデコルテ (左下) ONE BY KOSE　薬用保湿美容液 60mℓ、ONE BY KOSE　メラノショット ホワイト［ともに医薬部外品］40mℓ／コーセー

朝のスキンケアこそ、シートマスクが効果を発揮する

シートマスクというと、ゆっくりお手入れするためのものとして、夜のケアに取り入れる方も多いようですが、30代後半の大人こそメイク前のスキンケアに組み込んでください。貼ったままで過ごせるので、時間のない朝を有効活用できますし、何より保湿力が高いので、メイクのノリに確実に差が出ます。

先日、ヨガに行ったときのことです。シャワーを浴びた後のパウダールームで、ドライヤーをかけている人の多くが、顔にシートマスクを貼りながら髪を乾かしていました。ドライヤーの熱風で肌が乾燥しないように守りつつ、潤いをチャージしているんですよね。やっぱりきれいな人は、アイテムを上手に使っているものです。

私自身も、本当に時間のないときには、化粧水が染み込んだシートマスクと乳液だけで朝のスキンケアをすませてしまうこともあるほど、仕事でもプライベートでも欠かせないアイテムです。美容液をいくつも買うよりも、毎日のシートマスクのほうがコスパも効果も高いと感じます。

こんなにラクできれいになれるアイテム、使わない理由はありませんよね。

厚みのあるシートにたっぷりの美容液。短時間で潤いのある肌に整います。

オールインワンシートマスク グランモイスト 32枚入り（BOXタイプ）／クオリティファースト

クリアターンシリーズは、肌悩みに合わせた豊富なラインナップが魅力です。

クリアターン ホワイト マスク（ビタミンC）5回分／コーセーコスメポート

エイジングケア効果のある美容液たっぷりのシートマスクは、効果抜群です。

エリクシール シュペリエル リフトモイストマスク W 30㎖×6枚／エリクシール

クレンジングは、香りで選ぶ

クレンジングは、メイクをオフするという効果はもちろんですが、それ以上に1日のリセットスイッチとしての役割が大きいと思っています。

オイルやミルク、クリームなど、さまざまな形状がありますが、選ぶときは「香りが好きかどうか」を基準にしてみませんか。

好きな香りを吸い込みながらのクレンジングは、自然と時間をかけて行うようになりますし、それがマッサージ効果にもつながります。また、気持ちがリラックスできるので、丁寧に肌に触れるようになるのではないでしょうか。

スキンケア全般に言えることですが、肌を強くこすったりすることは刺激になりますし、たるみなどを助長するとも言われています。

忙しくて時間が取りにくい大人だからこそ、香りや感触など、五感に響くものを選ぶほうが、女性としての美しさに近づけるのではないかなと思います。毎日使うものこそ、心地いいと思えるものを選ぶ基準にする女性、素敵だなと思います。

香りのほか、ミルクタイプやオイルタイプなどメイクの濃さに合わせて使い分けています。

（右から）リラックスアロマクレンジングクリームローズ 150ｇ／アムリターラ、デ・マミエール クレンジングデュー 100㎖／キャンドルウィック、レステッドスキン クレンジングミルク 150㎖／セルヴォーク

洗顔後のすすぎが、肌の透明感を高めてくれる

メイクを絵画に例えるなら、肌はキャンバスです。真っ白なキャンバスのほうが、絵の具の伸びや発色がいいのと同じように、肌も何もないまっさらな状態がメイク映えすると思います。だから、クレンジングや洗顔などの「洗う」というステップは、スキンケアの中でもとても大切だと考えています。

とくに朝晩の洗顔の中では、すすぐことに一番気を使っています。ソープのすすぎ残しは肌荒れの原因にもなりますし、繰り返しすすぐことで、肌が引き締まりふっくらしてくるのです。これは洗顔だけにかぎらず、シャンプーやトリートメントなどバスタイムのときにも実践しています。

美容ライターさんに聞いた話によると、たくさんすすいで適度な刺激を肌に当てることは、毛細血管の活動が活発になって透明感アップにも効果があるそうです。洗顔は皮脂を取りすぎるからよくないという説も耳にしますが、自分が心地いいと感じるお手入れこそが美しい肌に近づけてくれる、そう信じたいですね。

忙しいときは、「乳液クレンジング」という方法も

30代後半という年齢は、仕事が終わって帰宅してからも家事や育児など、やることがたくさんある年齢だと思います。

小さいお子さんのいる方などは、子供の寝かしつけで一緒に布団に入り、お風呂に入らず朝まで寝てしまうという話もよく聞きますし、つい自分のことは後回しになってしまいますよね。

女優やモデルのみなさん撮影が終わると、時間がないため、必ずと言っていいほど乳液をコットンにつけて、メイクをオフして帰られます。

保湿用の乳液をコットンに出してメイクを拭き取るだけなので、完全なクレンジングではありませんが、メイクは油分なので、乳液の油分である程度はきれいにオフできますし、保湿もできるので一石二鳥なのです。忙しくて、1日中ファンデーションをのせているよりは、ずっといいと思います。

とはいえ、乳液クレンジングはあくまで時間がないときの緊急手段。

入浴時などに通常のクレンジングをするのはもちろん大事です。

肌をほぐしてくれるアルビオンの
乳液は女優やモデルの方にも好評
です。
エクサージュ モイスト アドバンス ミ
ルク Ⅰ 200g／アルビオン

大人にとって効果的なのは、月1エステよりも毎日の美容ドリンク

こういう仕事をしていると、「どんなエステがいいか」という質問を受けることがありますが、私自身は行っても1年に一度あるかないか……。ほどんど行ったことがありません。

正直なところ、年齢を重ねた肌は、一度くらいのエステで底上げするのは難しいなとも感じるのです。

それよりも、毎日のスキンケアやシートマスクのほうを大切にしたいと思っています。

ここ1年ほど実践してみて調子がいいなと感じているのが、1日1本の美容ドリンクです。冷蔵庫に入れておけば、甘いものが飲みたいなと思ったときにジュースがわりに飲めますし、罪悪感もないのでおすすめです。

実際に肌の調子もとてもよく、多少の寝不足などでも肌が大きく崩れることが減ったような気がしています。

美容はやっぱり積み重ねなのだなと、美容ドリンクを飲むとよくわかります。

ツバメの巣やプラセンタが入ったものは高額ですが、効果的なので人前に出るときなど特別なときに。

（右から）美巣エキスドリンクE-3000 30mℓ×5本／エムスタイルジャパン、セルヴォーク インナーリサージェンス リキッド 30mℓ／セルヴォーク、プラセンタ飲料マリッカ 10mℓ×5パウチ／マリッカ

肌が荒れたときには、お風呂でクリームマスクを

「ゆっくりお風呂に浸かって美容気分を高めたい」「肌荒れしちゃったから手っ取り早くケアしたい」。そんなときにおすすめなのが、お風呂で行うスペシャルケアです。クレンジングしたあと、保湿用のクリームを顔全体にたっぷり塗り、そのままバスタブに入るだけ。とっても簡単です。そのあとはいつも通りにシャンプーなどして、クリームも洗顔するときに一緒に落としてください。お風呂上がりには普段通りのスキンケアで大丈夫です。

やり方はとてもシンプルですが、湯船の蒸気で保湿クリームの浸透が増すので、肌がふっくらと蘇るのを感じられると思います。

クリームは、保湿してくれるものならどんなものでもOKですが、ポイントとしては、顔全体が白くなるくらいたっぷりの量を塗ること。洗い流してしまうので、コスメカウンターでもらったサンプルや、プチプライスのものでも十分だと思います。

週末ゆっくりお風呂に入れるときや、イベントごとの前夜など、ぜひ試してみてください。

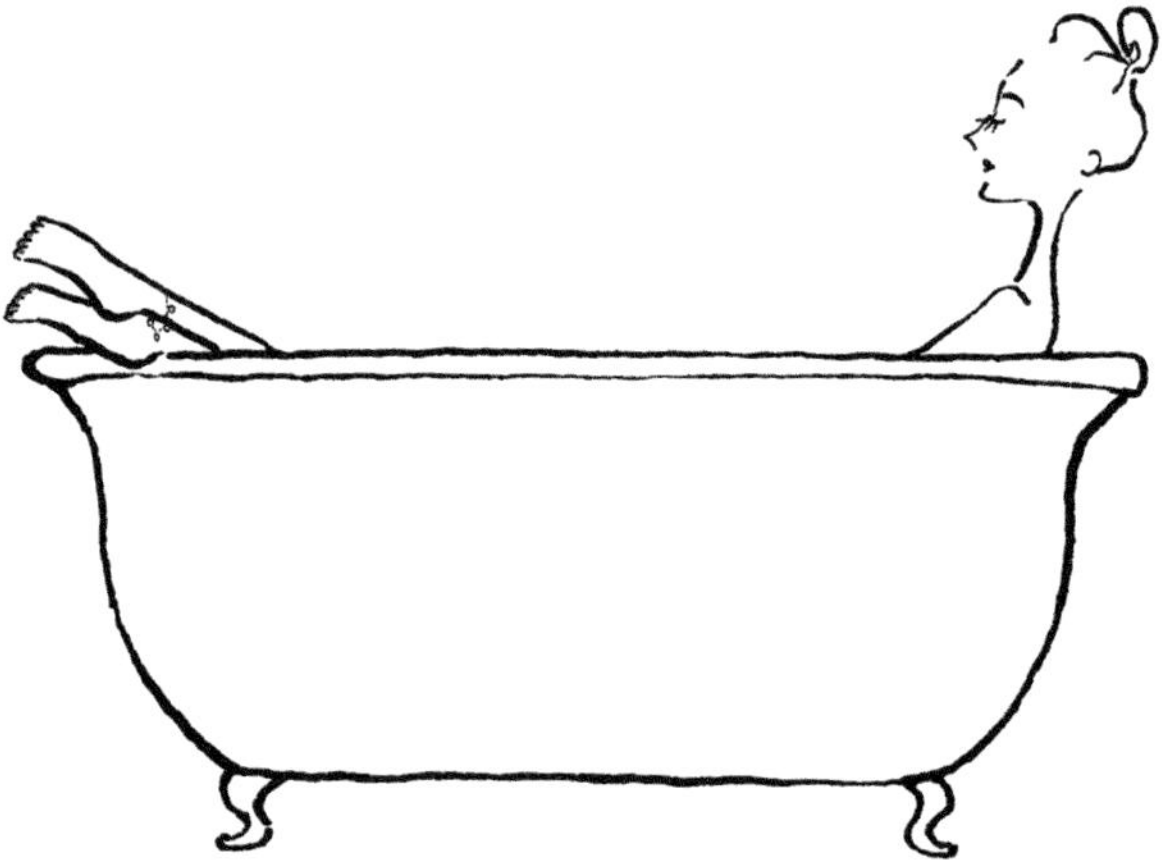

歯磨き、皿洗いタイムの「ながらストレッチ」

どんなことも、続けるためには「ながら」が一番！

飽きっぽい性格の私がたどり着いた美容の答えです。

とくに毎日のエクササイズやストレッチは、なかなか続けることが難しいもの。でも、何もせずにきれいではいられないとも思います。

私もちょうど38歳くらいのときから意識し始め、写真のグッズたちを使い始めるようになりました。どれも、歯磨きやドライヤーを使っているとき、キッチンで皿洗いをしているときなどに使う「ながら運動」ですが、年齢を重ねた今、やっててよかったと心から思います。

なかでも、肩甲骨周りのストレッチはとくに！です。というのも、メイクの仕事をしていると、肩甲骨周りが固いモデルの方はメイクがピタッとのらないことが多いのです。肩甲骨は首とつながっているので当然ですよね。柔らかくほぐしておくことは、メイク映えはもちろん、たるみ予防にも欠かせないと思います。それに肩甲骨周りには脂肪細胞があるため、動かすことは、体の代謝アップにも役立つそうですよ！

自宅の洗面所には、青竹踏みとふくらはぎを伸ばすためのストレッチボードが欠かせません。これに乗りながら歯を磨いたり、スキンケアをするだけですが効果は抜群です。楽体（らくだ）は現場に持っていくこともあるストレッチチューブ。肩甲骨ほぐしに最適です。

ベッドでの「ついでケア」が肌を巡らせる

美容も運動も、毎日やるのがいいのはわかっているけど続かない……。

そんなときこそ、寝る前後のちょっとした時間を使ってみませんか？

たとえば保湿。寝ている間、意外と肌は乾燥します。だから寝る直前、ベッドに入ったら保湿クリームをもう一度肌に重ねます。

ベッドサイドや枕元に保湿クリームを置いておくだけで、習慣にできるはずです。

また、寝転がったらベッドの中でストレッチも。足の裏同士をくっつけ鼠蹊部《そけいぶ》を伸ばすだけで、足のむくみなどがすっきりして、寝つきが良くなります。

寝ている間の食いしばりはフェイスラインの崩れになるので、朝は目が覚めたら寝転がったままでエラ部分をぐりぐりほぐし、そのあと耳回し。

その間に足元はつま先の曲げ伸ばし体操を。つけ根からほぐす耳回しは血行を促すので、メイクのノリのアップにも役立ちますし、一連の動作を5分ほど続けるだけで、体中がポカポカして寒い冬も快適に起きられるので、目覚めが悪い朝にもおすすめのついでケアです。

自分のための香りでもっと美しく

憧れブランドの香水は女性らしさを高めてくれたり、フレッシュな香りは前向きな気持ちにしてくれるなど、その日の気分やシーンに合わせて香水をつけかえるという人も多いはず。けれどもこれからは、自分をゆるめるための香りも取り入れてみませんか？

前にテレビで見たのですが、心地よい香りを嗅ぐと血管はゆるみ、血流がアップするのだとか。反対に、不快な匂いは脳を緊張させ、血液の巡りも悪くなってしまうそうです。つまり、好きな香りは、メイクのノリにもひと役買ってくれるということではないでしょうか。実際にメイクルームではアロマオイルでマッサージしたり、ルームスプレーを使ったりすることもあります。そうするだけでモデルさんの緊張が解けて、メイクの仕上がりも良くなるのです。

香りといえば出かける前にシュッとすることがほとんどですが、時にはスキンケアの前に、心をリラックスさせるおまじないみたいに香水やアロマを使ってみてはどうでしょう？　大人の美しさは自分を楽しませてあげることで花開きます。

精油を使ったユナヒカや、ジョー・マローンはどんなシーンにでも使いやすい香りが魅力です。ユメドリーミンはヘアケアとして。髪の毛から香らせるのも素敵です。

（右から）ジョー・マローン 香水、ユナヒカ アロマパフューム、ユメドリーミン エピキュリアン グロス＆パフューム／すべて私物

おわりに

この本をお読みくださり、ありがとうございました。

また、本書の制作に携わってくださったスタッフのみなさま。ご一緒し、こうして形にできましたこと、この場をお借りしてお礼申し上げます。

そして、今までお仕事を通してご指導くださった方々、撮影をご一緒するスタッフのみなさま。毎日お顔にメイクさせていただく、モデルさん女優さん……。感謝申し上げます。

メイクには、人をハッピーにする力があると思っています。

人から「きれいね」と褒められると、自分に少し自信が持てます。笑顔が自然に出て、ハッピーな気持ちになります。それがプラスのエネルギーに変わり、良いものを引き寄せる力が生まれると、私は信じています。

みなさまの日々の生活に、メイクやコスメが前向きな力となり、38歳からますます楽しく過ごしていただけたらと願っています。

佐々木貞江

Shop List

RMK Division	0120-988-271
アディクション ビューティ	0120-586-683
アムリターラ	0120-980-092
アルビオン	0120-114-225
アルファネット	03-6427-8177
アンプリチュード	0120-781-811
イヴ・サンローラン・ボーテ	0120-526-333
uka Tokyo head office	03-5843-0429
SK-II お客様相談室	0120-021-235
エスティ ローダー	0570-003-770
エムスタイルジャパン	0120-005-213
エリクシールお客さま窓口	0120-770-933
カネボウ化粧品	0120-518-520
キャンドルウィック	03-6261-6057
クオリティファースト	03-6717-6449
クリニーク お客様相談室	0570-003-770
クレ・ド・ポーボーテお客さま窓口	0120-86-1982
Koh Gen Do	0120-700-710
コーセー	0120-526-311
コーセーコスメポート	03-3277-8551
コスメデコルテ	0120-763-325
資生堂お客さま窓口	0120-81-4710
SHIGETA Japan	0120-945-995
ジルスチュアート ビューティ	0120-878-652
SUQQU	0120-988-761
THREE	0120-898-003
セルヴォーク	03-3261-2892
BARTH（TWO）	0120-993-854
NARS JAPAN	0120-356-686
パルファン・クリスチャン・ディオール	03-3239-0618
ビーバイ・イー	0120-666-877
ブランエトワール	03-6427-1311
ベアミネラル	0120-24-2273
ポール & ジョー ボーテ	0120-766-996
マキアージュお客さま窓口	0120-456-226
マリッカ	https://www.maricca.jp/
ランコム	03-6911-8151
ロージーローザ	0120-253-001
ローラ メルシエ ジャパン	0120-343-432

Staff

メイク　佐々木貞江
撮影　奥村恵子
スタイリスト　福田麻琴
ヘア　大堀由樹子
(p51,p59,p63,p67,p69,p75,p83,p87(下),p91,p107,p109,p111,p113,p115,p125,p127,p129,p132,p133,p141,p151,p157)
モデル　夢子キャサリン
デザイン　細山田光宣＋木寺梓
(細山田デザイン事務所)
イラスト　Marine Shimoyama
編集協力　畑中美香

佐々木貞江　ささき・さだえ

メイクアップアーティスト。美容学校を卒業し、1987年に大手サロンStudio V入社。ヘアメイクアップアーティストとして活動開始。その後、大手化粧品メーカー、Image、Perle managementを経て、広告やファッション・ビューティー誌を中心に活動する。大人の女性の魅力を存分に引き出すメイクは、第一線で活躍する女優やモデルが多数支持。多くの女性誌で引っ張りだこ。本書が初めての著作。

38歳からしたいメイク

2019年 9月26日　第1刷発行

著　者　佐々木貞江
発行者　徳留 慶太郎
発行所　株式会社すばる舎
〒170-0013東京都豊島区東池袋3-9-7
東池袋織本ビル
TEL　03-3981-8651
(代表) 03-3981-0767 (営業部直通)
FAX　03-3981-8638
URL　http://www.subarusya.jp/
振替　00140-7-116563
印刷　ベクトル印刷株式会社

落丁・乱丁本はお取り替えいたします

ISBN978-4-7991-0795-9